Francesca Paci

Un amor en Auschwitz

Una historia real

Traducción de
Patricia Orts

AGUILAR

Título original: *Un amore ad Auschwitz*
Primera edición: octubre de 2017

© 2016, Francesca Paci
Publicado por acuerdo con The Italian Literary Agency y MB Agencia literaria
© 2017, Penguin Random House Grupo Editorial, S.A.U.
Travessera de Gràcia, 47-49. 08021 Barcelona
© 2017, por la traducción, Patricia Orts

Printed in Spain - Impreso en España

ISBN: 978-84-03-51750-9
Depósito legal: B-14555-2017

Impreso en en Liberdúplex,
Sant Llorenç d´Hortons (Barcelona)

AG 1 7 5 0 9

Penguin
Random House
Grupo Editorial

Índice

–Mamá, ¿esto es una cárcel?

–Sí, antes de que tú nacieras esto era una cárcel.

–Es enorme. ¿Había tantos malos antes de que yo naciera?

–Esta cárcel funcionaba al contrario, dentro estaban los buenos y fuera estaban libres los malos.

–Pero si los malos estaban libres fuera, ¿por qué no los capturaba nadie?

Eleonora, cuatro años
Birkenau, 4 de noviembre de 2015

Introducción

La noche del 27 de enero de 2014 acabé de escribir un artículo para *La Stampa* sobre el septuagésimo aniversario de la liberación de Auschwitz-Birkenau. Pensé entonces que los testigos que habían participado en la ceremonia parecían tan lúcidos y eficaces como siempre, pero también que cada vez eran menos numerosos. Había ido con mi padre, que nunca había estado en el campo, y, mientras comíamos *pierogi* en un restaurante camino de Cracovia, hablé con Michele Curto, un gran amigo, concejal de Turín y, sobre todo, alma infatigable del Treno della Memoria, en el que durante más de quince años miles de estudiantes italianos han viajado a los lugares donde tuvo lugar el exterminio y han regresado a sus casas transformados.

Propuse al periódico que me dejara entrevistar a cinco supervivientes cuyas historias fueran menos conocidas para publicarlas y contribuir de esta forma a que sus voces no se perdieran. Los resultados fueron un libro digital titulado *Se chiudo gli occhi muoio* y unas cuantas presentaciones, pero, por encima de todo, la voluntad de seguir escribiendo sobre Auschwitz. Ahora bien, ¿cómo? No soy historiadora y el material es de los que deben tratarse con un cuidado —y me quedo corta— inhibidor. Por ese motivo pedí ayuda a Jadwiga.

Jadwiga Pinderska-Lech es un personaje fundamental de esta aventura, al igual que Michele Curto, que conoce el país y el idioma porque fue uno de los pioneros del programa Erasmus en Polonia después de la caída de la Unión Soviética. Por ese motivo me ha acompañado materialmente en la elaboración de este libro. Jadwiga, por su parte, es la directora de la editorial del museo estatal de Auschwitz-Birkenau y, a pesar de que es una mujer menuda, rubia y en apariencia tímida, soporta sobre sus hombros la memoria de todos los que antes de morir decidieron contar sus vivencias en el campo. Los escucha, los graba, después de que hayan dado su testimonio sigue llamándolos con dulzura para asegurarse de que están bien y los visita hasta que —como sucedió la última vez que estuve en Polonia, en el mes de noviembre— recibe la triste llamada telefónica de un pariente que le comunica la fecha del funeral. Jadwiga me habló de Mala Zimetbaum y de Edek Galiński, dos deportados a los que sus compañeros del museo llamaban *Romeo y Julieta*, pero que, curiosamente, apenas eran conocidos fuera.

La verdad es que nunca había oído hablar de ellos. No soy una experta en el tema, al contrario. Pero me parecía extraño no saber nada de una judía que había sido legendaria entre las detenidas por la cantidad de vidas que había salvado, que se había enamorado de un prisionero político polaco y que había escapado con él. Lo mismo les sucedía a todos aquellos a los que preguntaba si habían oído hablar alguna vez de Mala y Edek. Bastante intrigada, decidí ponerme manos a la obra.

Pese a que había nacido en Polonia, Mala fue deportada desde Amberes, una ciudad que yo conocía bien porque hacía apenas unos meses la había recorrido de arriba abajo para seguir el primer proceso europeo contra los *luchadores extranjeros* —término referido a los jóvenes voluntarios que el entonces emergente Estado Islámico había enrolado en Siria—. Era el otoño de 2013 y Bélgica se enfrentaba ya a un número sorprendente de yihadistas reclutados y enviados a la frontera turca en pos del mito del califato. Yo también conocía a fondo Borgerhout, el barrio de Mala, porque en el mismo lugar en el que en los años treinta se concentraban los judíos refugiados en Bélgica que huían de la discriminación y del auge del antisemitismo viven hoy los inmigrantes magrebíes —segundas y terceras generaciones—: una ciudad dentro de la ciudad donde los predicadores del odio pescan a manos llenas.

Poco a poco fui entrando en los personajes, buscando lo que quedaba de ellos. No mucho, a decir verdad. Además de los documentos oficiales sobre sus vidas antes de Auschwitz, la prisión, la breve fuga y la ejecución ejemplar, están los testimonios de los deportados que los conocieron personalmente. En su mayoría son memorias escritas, porque casi todos han muerto. Por eso he reunido con sumo cuidado las valiosas voces de los que podían decir «Yo estuve allí» y describir lo que sucedió ante sus ojos: Léon Schummer, Dolf Galant, las supervivientes Eva Fastag, Halina Birenbaum, Marceline Loridan-Ivens.

Sabemos muy poco de dos personajes tan formidables como Mala y Edek. Los únicos trece días que compartieron como personas libres son una imagen evanescente de la que solo queda el camino flanqueado de bosques y colinas, unas cuantas decenas de kilómetros en un campo polaco que sigue siendo prácticamente igual. En cambio, en estos años sí que se ha transformado la intensidad del recuerdo de estos jóvenes enamorados, que en un principio fue muy vivo gracias a los testimonios, pero luego se ha ido convirtiendo en simple terreno de estudios especializados. Por distintas razones, nadie por parte de Mala ni por parte de Edek ha querido recordarlos y transmitir su herencia; los dos eran demasiado anómalos y su relación rompía en exceso los esquemas propios de ese abismo aniquilador que fue Auschwitz.

El círculo se completa, si cierro los ojos muero; pero para tener los ojos abiertos es necesario seguir contando, como Sherezade. Y yo me siento orgullosa de contar la historia de Mala y Edek. No porque sea más importante o conmovedora que las miles de vidas que los nazis destrozaron, sino porque es una historia de amor, algo que incluso los que no han vivido en el campo de concentración comprenden y que, por tanto, podrán perpetuar cuando los últimos protagonistas ya no estén aquí para hablar. No intento hacer una reconstrucción histórica con una verificación puntual y filológica de las fuentes ni una reflexión especializada sobre el universo de Auschwitz: muchos de los recuerdos que aquí transmito son por naturaleza subjetivos y falaces. Es un cuento sin final feliz, como a veces sucede en los cuentos de verdad.

Un buen día, de la inmensa red que llevaba varios meses sondeando en vano, emergió una joven ecuatoriana de treinta años que se presentó como Malka San Lucas. Es la nieta de la hija de la hermana mayor de Mala Zimetbaum y se llama como ella.

Edek no fue tan afortunado: su padre, desesperado por haberlo perdido a causa de un amor que consideraba equivocado, cargó su futuro con una especie de hipoteca. No obstante, Malka San Lucas sueña con tener una hija a la que llamar de nuevo Malka o Mala. Y si ella vive, él también vivirá.

Roma, 10 de diciembre de 2015

1

Mala

Al alba del 1 de septiembre de 1939, los soldados del Tercer Reich cruzan la frontera alemana e invaden Polonia. Malka Zimetbaum tiene veintiún años y vive en Amberes, el gran puerto flamenco del mar del Norte donde se instaló con sus padres, dos hermanas y un hermano cuando tenía diez años. La oficina de inmigración de Bélgica registra la llegada de los Zimetbaum, uno tras otro, entre 1926 y 1930, una más entre las miles de familias judías que desde que finalizó la Gran Guerra han empezado a abandonar Polonia, que está sufriendo siniestras sacudidas antisemitas.

Ayer y hoy la historia de la inmigración es un ciclo de avances y retrocesos. En Brzesko, ciudad de la que es nativo, a unos cincuenta kilómetros de Cracovia, precisamente en la que se casó con la obrera de su misma edad Chaya Schmelzer y en la que nacieron sus hijos, Pinkas siente que la tormenta es inminente. A pesar de ser pobre,

Galitzia es una tierra que goza de gran dinamismo cultural y en ella habitan la mayoría de los tres millones de judíos polacos censados, el diez por ciento del total. Pero los tiempos están cambiando. La guerra entre Polonia y la Unión Soviética de 1919 abonó el terreno para la consolidación del partido Democracia Nacional (Endecja), una fuerza conservadora que, entre otras cosas, acusa a los judíos de ser poco patriotas y simpatizar con los bolcheviques. La intolerancia se traduce en los primeros pogromos en las localidades de Pinsk, Leópolis y Vilna. En 1924, a la vez que Adolf Hitler escribe *Mein Kampf*, el comerciante Pinkas Zimetbaum parte buscando un hogar más propicio. Después de pasar dos años en Maguncia, donde vivió con su esposa y sus primogénitos Salomon y Gitla entre 1913 y 1917, llega a Amberes, la capital mundial de los diamantes. En Amberes reina un ambiente cosmopolita y supone un gran pulmón para los judíos europeos, por lo que se la llamó la Jerusalén del Norte. Su primer domicilio es Van der Meydenstraat, número dieciocho. Pinkas se reúne allí con Salomon, que a la sazón tiene diecisiete años. En cuanto logra redondear su salario con los ciento setenta y cinco francos belgas a la semana que gana su hijo, recompone la familia.

Malka llega a Amberes a finales de 1928, todavía es una niña. Por un breve periodo, los Zimetbaum vuelven a estar juntos en Berchem, al sur de la ciudad. En 1931 la hermana mayor, Gitla, obrera del sector del diamante, se casa con Fawel Abramowicz, un zapatero también de origen polaco que había emigrado a Bélgica el año anterior, dejando a sus espaldas unos cuantos problemas judiciales. Tiene un trabajo en Bruselas con el que gana quinientos francos a la semana, pero las autoridades de Kamińsk —su ciudad de origen—, donde en 1928 fue condenado a cuatro años de reclusión por contrabando de dinero falso y posesión de documentos falsificados, lo están persiguiendo. Gitla quiere vivir cerca de sus padres, sobre todo a partir de 1933, cuando nace su hija Jeannette, pero Fawel tiene demasiadas causas pendientes tanto en Polonia como en Bélgica, de manera que al final, tras ver denegado el permiso de residencia, parte en 1935 rumbo a Sudamérica. Varios meses más tarde, su mujer y su hija se reúnen con él.

Gitla hace las maletas mientras Salomon y Jochka permanecen en casa, pero será por poco tiempo, porque la familia se reduce aún más. Después de un par de mudanzas, Malka, que es la más pequeña, se instala con sus padres en un apartamento de tres habitaciones con cocina situado en el tercer piso de un angosto edificio de Borgerhout, el barrio de los inmigrantes por antonomasia, el mismo en el que hoy las jóvenes marroquíes con velo empujan cochecitos de bebés y carritos de la compra delante de la pequeña placa conmemorativa situada en el número siete de Marinisstraat, la única dedicada al recuerdo de Mala Zimetbaum.

La joven es guapa, espabilada, con buenas dotes para las matemáticas y los idiomas. En las pocas fotos que se conservan en el archivo del museo Kazerne Dossin de Malinas, parece segura de sí misma, atenta a la moda; una joven emancipada que sonríe al objetivo cogida del brazo de su amiga Mizi Baum. Su prima, Giza Weisblum, la considera un modelo de independencia y, bromeando, dice de ella que «iba para chico». Malka es una fuerza de la naturaleza. Pero a ojos de su hermana mayor, Jochka, conserva la ternura de una niña: es «la intelectual de la familia» y no sabe resistirse «al pudin de chocolate».

A pesar de la industria de los diamantes, la mayoría de los judíos de Amberes no disfruta de una situación económica holgada. A finales de los años treinta viven en Bélgica setenta y cinco mil judíos; el noventa por ciento de ellos procede de sesenta países diferentes y huye de la miseria y de la discriminación. Los Zimetbaum no son una excepción: son unos inmigrantes pobres que encuentran espacio en un país ávido de mano de obra barata, pero en su vida privada prefieren reunirse con sus compatriotas. Cuando Pinkas pierde la vista y ya no puede seguir trabajando como comerciante ambulante de telas, toda la responsabilidad de mantener el hogar recae sobre su primogénito, Salomon. Chaya, la madre, aporta lo poco que gana haciendo punto, pero no es suficiente. Los hijos deben arremangarse, incluida Malka.

«Todo Amberes admiraba la abnegación con la que Mala acompañaba a su padre a todas partes, era la imagen de la fuerza de voluntad serena», cuenta Romek Hutterer, un amigo de esos años al que Mala volverá a ver más tarde en los barracones de Birkenau. La prometedora estudiante que ya habla flamenco, inglés, francés, alemán y yidis debe abandonar el colegio para entrar a trabajar como modista en la Maison Liliane y más tarde como cortadora de diamantes, igual que Salomon y Jochka. No obstante, los libros siguen siendo su pasión. Jochka la recuerda volviendo tarde a casa desde la Biblioteca Nacional, cuando las calles ya estaban oscuras, con los ojos hinchados después de haber pasado horas hojeando volúmenes, su joven cara marcada por el cansancio, pero no tanto como para decepcionar a sus padres y renunciar al rito vespertino en el sofá de Marinisstraat, donde todos escuchan juntos las *lecciones* de Malka.

Casi noventa años después, la Biblioteca Nacional sigue siendo la misma, al igual que los callejones peatonales del barrio de los diamantes, donde los hindúes van sustituyendo poco a poco a los judíos en el puente de mando. Al anochecer, cuando las calles se vacían y dejan espacio a los edificios intemporales, es fácil imaginar a Malka con el bolso en bandolera cruzando Pelikaanstraat y dejando tras de sí Borgerhout, el silbido de los trenes de vapor, las tiendas de piedras preciosas de Hoveniersstraat, la pequeña sinagoga, la Bolsa y a los ultraortodoxos con tirabuzones o montando en bicicleta por la Lange Leemstraat, Belgiëlei, Plantin en Moretuslei y a las mujeres con peluca y medias gruesas rodeadas de grupos de niños vestidos de blanco y negro. Los edificios son los mismos de entonces, pero aquellos viejos habitantes ya casi no viven en ellos.

«Los dos militábamos en las juventudes sionistas Hanoar Hatzioni», cuenta Dolf Galant en su piso de Amberes, del que apenas sale. En 1933, el año en que Hitler es nombrado secretario del Reich, Malka —a quien todos llaman Mala— se afilia a Hanoar Hatzioni, uno de los diecinueve grupos sionistas de la ciudad, nacido de la escisión en el seno de los progresistas de Hashomer Hatzair. Allí, junto a otros jóvenes seguidores de Theodor Herzl que sueñan con emigrar a un kibutz en Palestina, Mala conoce a Charles Karel Sand, conocido en sus círculos próximos como Charlotie por su parecido con Charlie Chaplin.

Charles, que tiene tres años menos que ella, es ese amigo especial con el que va al cine durante meses a ver las películas de Charlot u obras de teatro político, como las que organiza la compañía de aficionados Wending sobre la Guerra Civil española. Los dos realizan excursiones en barco y en bicicleta por los canales de las inmediaciones de Malinas. Se intercambian los últimos números de las más de sesenta revistas judías de la ciudad. Piensan en el matrimonio. Charles y Mala querían casarse. A diferencia de ellos, Dolf Galant logrará salvarse pagando a un traficante de hombres para que traslade a su familia a Suiza. Esto es lo que cuenta: «Mala sonreía siempre, era valiente. Cuando supe que hasta el último momento había hecho frente a los SS encargados de su ejecución, no me sorprendió, porque tenía temple. Por aquel entonces éramos jóvenes. La guerra nos parecía lejana. Los sábados íbamos de excursión a la montaña, recuerdo en especial un camping de las Ardenas con tiendas separadas para los chicos y las chicas».

Amberes ha cambiado desde que los Zimetbaum llegaron a la ciudad. El último decenio ha visto derrumbarse el umbral de la tolerancia con los inmigrantes, sobre todo con los judíos, contra los que se concentran los prejuicios del catolicismo tradicional y del nacionalismo flamenco. Cuando en 1936 Salomon se casa con la judía húngara Etel Herstein, se ve obligado a presentar antes de la boda un certificado en el que se compromete a mantener a su esposa y garantiza que ella no trabajará en Bélgica. Los nazis encontrarán un terreno fértil. *La Belgique docile* —un informe del gobierno belga de 2004— evidencia que en los años anteriores a la invasión alemana se crearon los cimientos para que las autoridades locales colaboraran de forma activa en la deportación de los judíos; una especie de complicidad con el invasor que fue especialmente señalada en Amberes, el puerto al que en 1939 arribó el transatlántico *Saint Louis* cargado de judíos alemanes que habían sido rechazados por Estados Unidos, Canadá y otros países; un reflejo de la frustración social, los miedos y un antisemitismo atávico que anidaban en lo más profundo de las naciones.

Mala lee los periódicos, respira ese aire que por momentos va envenenándose, percibe la fragilidad del presente. Pero es una joven llena de vida. A pesar del luto ininterrumpido por el pequeño Jehuda —el tercer hijo de Pinkas y Chaya, muerto a temprana edad en Alemania—, los Zimetbaum crecen, celebran bodas y *berit milá* —el rito de la circuncisión—. Gitla se ha instalado en Ecuador con su marido —Fawel— y con la pequeña Jeannette. Jochka prepara su boda con Efraim Isak Schipper, un tipógrafo polaco que había emigrado en 1930 desde Tarnów y que en ese momento trabaja como cortador de diamantes. Salomon y Etel Herstein —a la que llaman con afecto

Etusch— tienen dos hijos, Max y Bernard, y en 1940 se les añadirá Herman. Los abuelos adoptarán a los tres nietos, porque Etusch muere en el parto del más pequeño. A pesar de que fuera la atmósfera no es buena, en la cotidianidad familiar se vive con alegría. Mala pasa los días con Max y Bernard, con Charles —que vive a pocas manzanas de distancia— y con sus compañeros de Hanoar Hatzioni, un grupo juvenil al estilo de los *scouts* en el que aprende a arreglárselas por sí misma: coser, cocinar, encender el fuego, jugar al ajedrez, organizar convenciones o aprovechar el tiempo libre estudiando, por ejemplo, hebreo, un idioma muy poco apreciado por los ortodoxos enemigos del sionismo.

Charles, alto, rubio, deportivo, un magnífico cortador de diamantes y un optimista incurable, es también un militante sionista, miembro del Betar, un grupo a la derecha de Hanoar Hatzioni. El rastro de este joven se pierde en la memoria de los Sand y solo mucho después volverá a sacarlo a la luz su sobrino, también llamado Charles, junto con una agenda de 1944 y unas cuantas instantáneas de color sepia.

En la actualidad, Charles Sand júnior tiene sesenta años. Acompañado de su hija, Chantal, esparce las fotografías de su tío y de Mala por la mesita del café Wattman, próximo a la estación de Berchem, el barrio de los antiguos prometidos. Es un sábado de mediados de septiembre y llueve. Las imágenes corresponden a los dos años anteriores a la invasión alemana, pero la Amberes poco transitada de entonces no se diferencia mucho de las calles desiertas que, una vez finalizado el sabbat, se van llenando de rabinos con barba y sombrero negro: «Mi padre era el hermano pequeño de Charles, sobrevivió porque se escondió en casa de una amiga que no era judía. Nunca me habló de él, pero lo oí comentar con mi abuela la historia de Charles y Mala y cuando murió rebusqué en sus papeles. Charles era miembro del Betar, encontré su carnet, firmado por Joseph Trumpeldor. Creo que él y Mala eran novios, siempre estaban juntos. Charles contó los días desde que la arrestaron a ella». Las fotografías, reunidas en un pequeño álbum de cartón, inmortalizan un tiempo suspendido: ella en una fiesta en casa de los Sand, ella y él cogidos del brazo en medio de unas señoras con velo bien parecidas, ella y él en la nieve, ella con el uniforme de Hanoar Hatzioni posando en el puente de piedra, ella en un prado, ella en unos campos de trigo, ella con una falda acampanada y una camiseta blanca acordes a la elegancia sobria que afinó trabajando como modista. Además hay una pequeña agenda marrón de 1944 en la que, desde principios de enero hasta el 17 de junio de ese año, Charles solo escribe una serie de números progresivos: quinientos veintinueve, quinientos treinta, quinientos treinta y uno. El 23 de marzo apunta: *Nouvelles de Mala*. Luego reinicia el recuento.

El café Wattman existía ya en los años treinta. Los parroquianos actuales son sumamente jóvenes, chicos que nacieron a caballo del nuevo milenio, cuando la mayoría de los supervivientes del Holocausto ya no podía ofrecer su testimonio. Charles júnior pide un capuchino, aferra el bolígrafo y sigue la trayectoria mental de su tío, que se llama como él, empezando a partir del 22 de julio de 1942, fecha de la redada en que capturaron a Mala: excluidas las primeras dos semanas que pasa en el campo de clasificación de Malinas, cuando ella, con toda probabilidad, logra enviar mensajes al exterior, las cifras se corresponden. El 17 de julio de 1944 Charles anota la cifra seiscientos noventa y siete, después nada. De acuerdo con los datos cruzados del archivo del museo Kazerne Dossin y del Holocaust Survivors and Victims Resource Center de Washington, entre el 17 y el 20 de junio de 1944 Charles es arrestado y conducido a Malinas. Parte para Auschwitz el 31 de julio a bordo del convoy XXVI, el último de la macabra escolta que en dos años transportará de Bélgica a Polonia más de veinticinco mil judíos y trescientos cincuenta y dos gitanos, el noventa y cinco por ciento de los cuales nunca regresará.

La historia de Charles y Mala añade pinceladas al rostro de ella, en tanto que el de él se va difuminando poco a poco hasta desaparecer con los últimos deportados.

En el verano de 1939 la catástrofe es inminente. La ola lleva varios meses creciendo. El 30 de enero, cuatro días después del vigesimoprimer cumpleaños de Mala, Hitler pronuncia ante el Reichstag la histórica acusación contra el judeo-bolchevismo y anuncia que Alemania combatirá al enemigo sin tregua. Charles y Mala hacen proyectos como cualquier joven, pero son conscientes de los nubarrones que se acumulan en el horizonte. Jochka confiesa a su hermana que nunca se ha fiado de los alemanes y que está convencida de que tarde o temprano echarán a los judíos a la calle.

En Amberes la atmósfera es cada vez más tensa. Los diarios católicos *Gazet van Antwerpen, La Libre Belgique* y *Le Pays Réel* se hacen eco de la propaganda nazi publicando tiras tremendamente antisemitas en las que los judíos se equiparan con una invasión de langostas o aparecen representados como acaudalados capitalistas con un voluptuoso puro en la boca después de haberse enriquecido a costa de la comunidad local. El grupo de extrema derecha Volksverwering difunde octavillas que acusan a los judíos y a los extranjeros de robar el trabajo a los belgas. En barrios como Borgerhout, donde se concentran los treinta mil judíos de Amberes y una treintena de sinagogas, operan los comités de defensa de derechos de los judíos y la unión de resistencia económica de Amberes, que ya desde mediados de los años treinta promueven el boicot a los productos alemanes en los escasos comercios amigos. El partido socialista belga intenta también ofrecer resistencia y el 1 de mayo de 1938 sale a la calle con los lemas *No al fascismo y al antisemitismo* y *Derecho al trabajo para las masas judías.* Pero la dirección del viento ha cambiado ya.

Los Zimetbaum siguen desde la distancia los primeros meses de la Segunda Guerra Mundial, marcados por las noticias angustiosas de los parientes que se han quedado en Polonia y por la progresiva creación de los guetos de Łódź, Lublin, Cracovia y Varsovia: viven codo a codo con familias de connacionales inmigrantes, que suponen ya el cuarenta por ciento de los judíos extranjeros, pero aún confían en que Bélgica siga siendo un país seguro.

En la primavera de 1940, mientras a mil kilómetros de distancia de Amberes se inaugura el campo de concentración de Auschwitz —erigido sobre unos viejos cuarteles del ejército polaco—, los alemanes invaden Bélgica, obligan al ejército a rendirse y en unas semanas instauran la administración militar que más tarde impondrá el registro de los judíos. Poco a poco, el antiguo fuerte militar de Breendonk se va convirtiendo en una cárcel y los arrestos se multiplican. Se prohíbe a los judíos ejercer las profesiones liberales, asistir a las escuelas públicas, ir a la estación; un aumento progresivo de vetos que en 1942 llegará a impedirles el acceso a los parques, al cine, al teatro, al estadio, los desplazamientos por el interior de Bélgica, la posesión de radios e incluso de palomas. En diciembre de 1940 se deportan los primeros dos mil seiscientos cincuenta y seis judíos a Limburgo.

El trabajo de Mala se tambalea. Gracias a que habla varios idiomas puede conservar el puesto, mientras sus compañeros son despedidos uno tras otro. Pero también para ella es cuestión de tiempo. No solo cierra sus puertas el comercio de diamantes, del que, de forma directa o indirecta, depende la vida de los judíos de Amberes: *los extranjeros* son expulsados de varios sectores, empezando por el textil. De las siete mil setecientas veintinueve empresas que los judíos gestionaban en 1940, cuatro años más tarde solo quedarán seiscientas cincuenta y siete. El odio se autoalimenta. En las plazas se vuelven a oír los eslóganes del movimiento flamenco filonazi Vlaams Volksbloch. En pocas semanas las fotografías en las que Mala aparece en actitud despreocupada o cogida del brazo de Charles son sustituidas por las policiales: el 5 de diciembre de 1940 el registro de judíos de Borgerhout incluye a «Malka Zimetbaum, residente en Marinisstraat, 7, apátrida».

La vida se hace durísima. La mayoría de los judíos son expulsados del trabajo. El 14 de abril de 1941, durante la Pascua judía, el cine Rex proyecta la película alemana de propaganda antisemita *Der ewige Jude*. Por las calles de Borgerhout, a las que se asoman las ventanas de los Zimetbaum, desfilan los paramilitares ultranacionalistas, las milicias flamencas Zwarte Brigade, las camisas negras de las SS. El 14 de abril, dos de las sinagogas más antiguas de Amberes, la casa del rabino Rottenberg y varios edificios más son incendiados al grito de «¡Al infierno la tribu de Judas!» y en la ciudad retumba el eco siniestro de la noche de los Cristales Rotos. Se impone el toque de queda, mucho más restrictivo que en otras partes de Bélgica. Pinkas y Chaya tienen cada vez más miedo a salir. En 1942, Mala, que ya no sonríe, pierde su trabajo como secretaria en la American Diamond Company. A la familia ya solo le quedan, como último recurso, las oraciones del devoto Pinkas y las ofrendas de los fieles en la sinagoga doméstica instalada en Marinisstraat.

«Cuando invadieron Amberes, la actividad relacionada con los diamantes cesó. Por una parte, se interrumpieron las importaciones y, por otra, los alemanes se apoderaron de todas las piedras, de forma que los judíos, que en un noventa por ciento vivían de esa industria, se quedaron sin medios de subsistencia», dice Léon Schummer mientras hojea fotografías y otros recuerdos. Tiene setenta y nueve años y es expresidente del colegio B'nai B'rith de Amberes. Por aquel entonces era un niño y vivía con su familia a pocos metros de los Zimetbaum. «Mi padre comerciaba con diamantes. Éramos una familia acomodada, pero de un día para otro no pudo trabajar más. A pesar de que estábamos mejor que en el gueto de Varsovia, fue muy duro. Todas las mañanas nos comunicaban una nueva prohibición y además estaba el toque de queda, pasadas las ocho de la noche solo podíamos caminar por los tejados. La mayoría de los judíos era pobre y los que estaban mejor se turnaban para ayudar a los hijos de las familias necesitadas. Pinkas Zimetbaum ganaba algo de dinero con la sinagoga que había instalado en casa, pero pasaba estrecheces y nos pidió que cuidáramos de Mala, así que ella venía todos los días a comer con nosotros. Lo hizo hasta que huimos de Amberes en 1941. Entonces ya sabíamos lo que estaba sucediendo en otros países, donde mataban a los judíos en la calle. Mala llegaba a mediodía con su pelo claro y sus ojos azules. Me fascinaba, pese a que era un niño. Jugaba conmigo y con mi hermana y nos enseñaba a usar las acuarelas; porque yo tenía una caja, pero no sabía mezclar los colores. Tenía mucha paciencia conmigo».

Algunas fuentes aseguran que estos meses Mala entró en contacto con la resistencia local de las Brigadas Blancas, el grupo que en 1940 había fundado en Amberes Marcel Louette, pero no hay ningún dato que lo confirme. Léon

Schummer, por ejemplo, duda que fuera así. «No era miembro de la resistencia. Su actividad política se concentraba en Hanoar Hatzioni, un grupo sionista liberal que después confluyó con el Likud y que en la actualidad sería de derechas. Estudiaba hebreo en secreto, porque por aquel entonces no era frecuente. Los religiosos eran antisionistas, rechazaban el Estado de Israel porque esperaban la llegada del Mesías».

La edad de las ilusiones se precipita hacia el ocaso. La Conferencia de Wannsee ha confirmado y relanzado la voluntad nazi de llevar a cabo *la solución final* para la cuestión judía. A partir del verano de 1942, los judíos —obligados a llevar la estrella amarilla desde los seis años— *son invitados* a presentarse con una muda y comida en el cuartel del siglo XVIII de Dossin, en Malinas, la misma campiña que no hace mucho Mala y Charles recorrían en barca de remos. El aviso se refiere a un reclutamiento de mano de obra destinada al este, pero, pese a que no tienen ocupación y se mueren de hambre, de los diez mil convocados por la Asociación de Judíos de Bélgica (AJB) —el consejo judío impuesto por los nazis en todas las localidades de los territorios ocupados donde había comunidades judías—, solo se presentan tres mil novecientos.

Charles ayuda a Mala a buscar un escondite para su familia en Bruselas, donde el aire es menos irrespirable que en Amberes. Pese a que las autoridades locales colaboran con los nazis, no todas lo hacen con el mismo celo. En un mapa alemán de la época en el que aparecen marcados los actos de sabotaje, se puede ver con toda claridad la diferencia que existía entre el norte flamenco y el sur francófono, donde circulaba buena parte de la prensa clandestina. Bruselas, por ejemplo, gobernada por el alcalde Joseph van de Meulebroeck primero y por Jules Coelst después, rechaza la orden de marcar dos veces los documentos de los judíos, una con la letra jota y otra con la estrella amarilla que estos ya llevaban en la ropa. Van de Meulebroeck es arrestado por insubordinación y solo podrá recuperar su puesto en el Ayuntamiento después de la guerra. Diecinueve alcaldes más se oponen a los invasores mientras pueden. Amberes, en cambio, no cuestiona nada y se entrega con espíritu colaborador a la SiPo-SD, la policía de seguridad nazi.

La Historia arrastra las pequeñas historias. En junio de 1942, Adolf Eichmann programa las deportaciones masivas a Auschwitz desde los países ocupados de la Europa occidental, es decir, unos convoyes especiales con mil personas que viajarán a diario. El plan prevé que se inicien a mediados de julio: cuarenta mil judíos procedentes de Francia, cuarenta mil de los Países Bajos —donde Ana Frank ha empezado ya a escribir su diario en el pequeño cuaderno que le regalaron el día de su decimotercer cumpleaños—, diez mil desde Bélgica.

Según parece, entretanto, Mala ha encontrado una habitación en Bruselas, en la calle de la Poste, 9, una calle tranquila situada a varias manzanas del jardín botánico. Aún le quedan unas cuantas cosas por hacer antes de subir de forma clandestina al tren con su familia y salir de Amberes lo antes posible.

2

El arresto

El miércoles 22 de julio de 1942, a primera hora de la mañana, los nazis inician la liquidación del gueto de Varsovia. Seis días antes, en París, se ha consumado la jornada más vergonzosa del gobierno de Vichy: más de trece mil judíos, la mitad mujeres y niños, son capturados en una única redada y llevados al Velódromo de Invierno para ser deportados a Drancy y desde allí a Auschwitz. El Tercer Reich ocupa media Europa. En Bélgica se vive una gran agitación.

Mala viaja a Bruselas, ida y vuelta en un solo día. Una vez encontrado el escondite, el plan para instalarse con su familia en la calle de la Poste está en su última fase. El tiempo apremia: el 13 de junio su hermano Salomon, viudo desde hace unos meses, ha sido arrestado por la Gestapo y conducido al campo de internamiento de Dannes-Camiers, en el norte de Francia, donde la Organización Todt —a sueldo de los nazis— coordina las obras de construcción del muro del Atlántico, la fortificación más extensa que proyectaron los alemanes para impedir los desembarcos aliados. Se fue con su cuñado, Efraim Isak Schipper, dejando al pequeño Herman con sus abuelos y a los otros dos hijos, Max y Bernard, en el orfanato judío.

Charles la apoya. Hace todo lo posible por conseguir el billete de tren, empresa nada fácil, dadas las restricciones impuestas a los desplazamientos de los judíos. Jochka los acompaña al tren y se despide de Mala, que agita su pequeña mano desde detrás de la ventanilla. «Adiós, todo irá bien». Las dos hermanas nunca volverán a verse.

Por la tarde inician las redadas en las estaciones de Bruselas, Malinas y Amberes. Mala está regresando a casa. Eva Fastag, que en la actualidad tiene noventa y ocho años y vive en Israel, se encuentra en el mismo compartimento, una más entre las decenas de pasajeros. No ha olvidado nada: «Iba y venía todos los días, trabajaba como secretaria en Bruselas. Cuando llegamos a la estación, subieron al tren, nos pidieron los documentos y empezaron a separar a los judíos de los que no lo eran. Yo llevaba, como todos, la estrella amarilla, solo me la quitaba en la oficina. Los que no eran judíos nos miraban en silencio, no recuerdo que nadie protestara. Nos pillaron por sorpresa; era la primera gran redada y nadie había tomado precauciones, pues hasta ese momento los alemanes solo se habían llevado a los hombres a realizar trabajos forzados para construir el muro del Atlántico. No sé por qué fue Mala a Bruselas ese día, estaba sola. La conocía de vista, vivíamos en la misma zona. Sabía que su padre estaba casi ciego, que ella era secretaria y que militaba en las juventudes sionistas, pero nunca habíamos hablado. Nos obligaron a bajar del tren con un centenar de personas más y nos hicieron subir a un autobús. No entendíamos nada y nos preguntábamos cómo podríamos avisar a nuestros padres. Al igual que todos, Mala estaba inquieta, preocupada, no sabía qué hacer. No comprendíamos lo que estaba sucediendo, no sabíamos que nos estaban llevando a Breendonk».

Breendonk es un fuerte que había sido construido a principios del siglo XX para defender Bélgica de los posibles ataques alemanes. Alterando lamentablemente su función originaria, los nazis lo ocupan en septiembre de 1940 y —dada su magnífica ubicación, a unos veinte kilómetros de Amberes— lo utilizan como campo de concentración y de trabajo. En él encierran a los comunistas, a los miembros de la resistencia belga y a los judíos; estos constituyen la mitad de los detenidos y son aislados del resto de los prisioneros.

Mala Zimetbaum forma parte de un grupo de cien mujeres, todas arrestadas en Amberes. La noticia llega a la ciudad gracias al periódico clandestino *Vrij België,* una de las publicaciones nacidas en el verano de 1940, cuando los servicios de inteligencia de Bélgica, Londres y Moscú empezaron a compartir información. Privadas de todos sus bienes, las prisioneras se amontonan en una sala grande donde solo hay un cubo, que utilizan por turnos como inodoro. El suelo está sucio, el aire viciado y la atmósfera cargada por el hacinamiento y el miedo. Comer es un deseo pospuesto una y otra vez. Dos tazas de café de bellotas tostadas y ciento veinticinco gramos de pan por la mañana, un litro de sopa para comer y otras dos tazas de café con cien gramos de pan y una cucharadita de mermelada por la noche. Nadie lo sabe, pero es un atisbo del futuro que las aguarda. Las preguntas se multiplican y no hay respuestas. Es imposible escribir a casa o comunicar con el exterior.

El sábado por la mañana los carceleros buscan a alguien que tenga nociones de alemán y que sepa escribir a máquina. Se ofrecen cinco mujeres: Mala Zimetbaum, Eva Fastag, Anna Lande, Clara Sander y Edith Silbermann. ¿Qué tendrán que traducir? ¿Podrán comer más? ¿Mejorarán sus condiciones de reclusión? El trato no puede ser peor que el que han recibido el primer día. El lunes 27 de julio a la hora de comer, las cinco jóvenes suben a un coche que las lleva a Malinas, donde las autoridades alemanas acaban de inaugurar la Dossin de Saint-Georges, el viejo cuartel reestructurado que recibirá a los judíos antes de ser deportados bajo la supervisión de Kurt Asche, a las órdenes de Adolf Eichmann.

Malinas, equidistante entre las ciudades de Amberes y Bruselas, donde por aquel entonces vivía la mayoría de los judíos, no ha cambiado mucho. Tenía sesenta mil habitantes y ahora tiene ochenta mil. El río Dyle, que fluye bajo los puentes de hierro adornados con flores de color rosa y rojo, refleja las fachadas de las mismas casas que en el verano de 1942 vieron desfilar los primeros convoyes de deportados y luego todos los demás. El cuartel de Dossin está a pocas manzanas del centro, en una zona muy poblada junto a la estación de tren. Aquí, a primera hora de la mañana, un taxista árabe baja el taxímetro para iniciar la carrera, aunque, educadamente, me aclara que en realidad yo podría ir a pie a Goswin de Stassartstraat, 153, donde se encuentra «esa cosa de los judíos».

Esa cosa de los judíos es el Kazerne Dossin, un museo de la memoria erigido sobre los antiguos barracones que se encontraban detrás del edificio central de tres plantas. Llueve. Para estar en septiembre, hace mucho frío. Los dos enormes sauces llorones que hay a la entrada ondean azotados por un viento cortante. Tal vez cuando llegaron Mala y sus compañeras luciera el sol, pero realmente el edificio que recibe al visitante es el mismo. Basta imaginar el alambre de púas que lo rodeaba, el aluvión de prisioneros a cada momento, al personal bajo las órdenes del feroz Philipp Johann Adolf Schmitt. Este fue el oficial de las SS que dirigía Breendonk y Dossin, famoso por ir acompañado de un pastor alemán con el que intimidaba a los prisioneros y por ser el único nazi alemán que procesaron y ejecutaron en Bélgica después de la guerra.

Las jóvenes no tienen tiempo de hacerse preguntas. Las llevan a una sala grande abarrotada de hombres; todos están de pie, pegados unos a otros con la mirada perdida. Les prohíben hablar con nadie. Se sientan detrás de una mesa de despacho y van apuntando el nombre, apellidos, edad y profesión de cada prisionero. Cada vida es un número de registro. Día y noche, un ciclo continuo. A los deportados que van llegando les retiran sus documentos y entregan a los guardianes sus carteras y objetos de valor, que ya no volverán a ver. Por último se les ficha.

Mala trabaja todo el día con la cabeza gacha y duerme en una zona apartada del resto de los prisioneros, que se apiñan en salas sin calefacción, carentes de cualquier tipo de intimidad, lejos de los baños: una muchedumbre de hombres, mujeres y niños. Mala ha conseguido una buena posición, no puede volver la vista atrás; comprende que quien se detiene está perdido.

«Mala nos animaba, nos aguijoneaba, nos estimulaba continuamente para que no nos resignáramos», explica Eva Fastag, que permaneció en el centro de tránsito de Malinas hasta la liberación de Bélgica. Al principio, hasta la rutina es complicada. «Era difícil lavar la ropa, pero ella siempre conseguía encontrar un pedazo de jabón, una plancha para dignificar nuestro vestuario, un botón y una aguja para coserlo. Era muy guapa. Pero por encima de todo era lista, práctica y hábil. Todos los días hacía un sinfín de cosas y además encontraba la manera de ayudar a las demás. No sé cómo, pero en una ocasión recuperó los objetos de valor que los alemanes le habían quitado a un judío y se los restituyó a su familia. Incluso encontró la manera de valerse de la oficina de registro para enviar mensajes al exterior».

El 1 de agosto, después de diez días de silencio, los Zimetbaum reciben noticias de Mala. Jochka recuerda que una mujer se presentó en el tercer piso de Marinisstraat con una caja de cerillas y una cartilla de racionamiento con la letra de su hermana. «Estoy en Malinas. Trabajo como mecanógrafa en una oficina. Todo va bien», ha escrito Mala a su madre. También le pide que entregue las joyas que contiene la caja de cerillas a una tal señora Soundso, que vive entre Wipstraat y Somerstraat. Chaya, que tiene sesenta años, vive cansada y se aterroriza cada vez que oye el menor ruido en la calle, pero la energía que emana de su hija le insufla valor. Así que espera al domingo por la noche para evitar los controles más rigurosos, se echa un chal sobre los hombros y sale a la calle. En nombre de Mala, Chaya devuelve a sus legítimos propietarios el reducido patrimonio de vidas destrozadas. Vuelve a casa a toda prisa y se lo agradece a Dios, a quien quizá, pese a su devoción, cada vez le cuesta más dirigirse.

Según Giza Weisblum, en esta fase Mala se comunica también con Charles. Piensa en fugarse de Malinas. Planea decir que tiene un dolor de muelas insoportable para conseguir que las SS le permitan ir al dentista y, una vez fuera, escapar con la ayuda de Charles. En la pequeña agenda marrón donde el joven anota el número de días que lleva sin noticias de Mala, el recuento no empieza con la fecha del arresto, sino casi dos semanas después.

El engranaje de Malinas da el siguiente paso en muy poco tiempo. El 4 de agosto sale el primer convoy con rumbo a Auschwitz; a bordo viajan novecientas noventa y ocho personas, entre las cuales ciento cuarenta son niños. Eva Fastag los ve subir uno tras otro en los vagones, que parecen a punto de reventar, e intercambia con su compañera Mala una mirada que lo dice todo. «No éramos grandes amigas, pero nos entendíamos bien. Trabajábamos juntas en aquella sala enorme en la que también dormíamos. La llamaban *la acogida.* Entre nosotros, decíamos que Malinas era el purgatorio. Yo confeccionaba listas con el nombre de las personas arrestadas y su fecha de nacimiento. Mala se sentaba enfrente de mí y tomaba nota de las pertenencias de la gente, que en teoría debían restituirse a sus familias pero iban a parar a los bolsillos de los alemanes. Malinas era como Drancy. Algunos días llegaba mucha gente y luego desaparecían todos de golpe y los barracones se vaciaban. Unos permanecían allí bastante tiempo y otros apenas unas horas. Los alemanes intentaban juntar mil personas en cada tren que salía. Al principio pasaban por la criba dos convoyes a la semana, pero después el trabajo fue menos constante, porque los judíos perseguidos lo habían entendido y se escondían. Nosotras también entendimos enseguida que lo que contaban del campo de trabajo en el este era un engaño, la gente se desvanecía en la nada».

Mala, que pasó la adolescencia ayudando a su familia y militando en Hanoar Hatzioni, había aprendido el arte de buscarse la vida. Ahora lo lleva a la práctica. Eva está junto a ella en ese limbo de incertidumbre. «Nos despertábamos a las 6.30, tomábamos dos rebanadas de pan y una especie de café y luego pasábamos a la oficina. Ciclos de trabajo larguísimos, con una única pausa para tomar una sopa aguada. Éramos veinticinco empleados entre hombres y mujeres, todos judíos salvo los jefes. Examinábamos rápidamente nombres, caras, historias, maridos, mujeres, hijos. Primero los veía yo, después Mala. Apenas podíamos comunicarnos, porque las SS nos vigilaban estrechamente y teníamos que hablar en alemán para que no nos pegaran. Nos amenazaban con que nos mandarían a los trenes si no prestábamos atención. Debíamos estar siempre atentas. Cuando el flujo de gente arrestada disminuyó, los alemanes no sabían cómo llenar los trenes y empezaron a pescar entre nosotros, los de la administración».

Los empleados de Malinas llevan la contabilidad de la caza al hombre. Después del primer convoy, Mala ve partir cuatro en menos de dos semanas. Son los primeros de una serie infinita que a partir del verano de 1943 no distinguirá entre judíos extranjeros y judíos belgas. Mala obedece las órdenes, transcribe los nombres consciente de que en cualquier momento pueden aparecer sus seres más amados. Cada lista es un salto en el abismo que lee y relee de arriba abajo sin respirar para asegurarse de que también esta vez todo ha ido bien, de que no se trata de sus padres, de sus hermanas, de sus pequeños sobrinos, de que sus seres queridos siguen en libertad. Un día su corazón se acelera, ve sus nombres, lee más atentamente controlando la respiración. No, no es un error; en la lista figuran sus sobrinos Max y Bernard, los hijos de su hermano Salomon han sido arrestados en una redada en el orfanato judío. Maxi y Bubi, de seis y cinco años, excluidos de las escuelas públicas y de la educación *aria* por ser judíos, son descargados en Malinas y miran a su alrededor asustados y extraviados. Mala actúa con la fuerza de la desesperación, son los niños que ha visto nacer. Tal vez ni siquiera ella misma piensa que su empresa puede tener éxito, pero de todas formas lo intenta y lo consigue: Maxi y Bubi no son deportados. Al menos de momento no.

Jochka está en casa atenta a la menor señal de alarma. Piensa que los dos niños están seguros en el orfanato. Pero lo cierto es que ya nadie está seguro en ninguna parte. «Un día se presentó en casa una alemana que venía de la oficina del campo de Malinas con los niños. Los había traído de nuevo a Amberes. Ellos gritaban: "Abuelo, abuela, ¡hemos vuelto!"». Había sido Mala. Maxi nos explicó que Mala había hecho todo lo posible y que al final los habían soltado». Nadie sabe cómo se las arreglaría para salvar a sus sobrinos, quizá consiguió ingeniárselas en el registro con las diferentes formas de pronunciar su apellido: Zimetbaum, Cymetbaum. En Malinas había un pequeño margen de maniobra. Eva Fastag también consiguió evitar tres traslados de sus padres y hermanos, que fueron arrestados después de ella; pero no fue más que una prórroga, porque unas semanas después tuvo que acompañarlos al vagón de la muerte: el convoy X, el mismo de Mala.

Amberes vive sumida en la angustia: arrestos masivos, delaciones, fugas nocturnas. Jochka, que en ese periodo vive con sus padres y con su sobrino Herman, relata visitas sorpresa de la policía con largas esperas silenciosas, todos agazapados en la habitación más apartada de la casa con el corazón en un puño, y abrazos de alegría cuando había pasado el peligro. Pero ¿por cuánto tiempo? En ese periodo Salomon sigue condenado a trabajos forzados en el norte de Francia y no envía noticias suyas. El tantán pasa de una familia a otra: «Sálvese quien pueda».

El 15 y el 28 de agosto el suboficial de las SS Erich Holm coordina con la policía belga las dos primeras redadas masivas en Amberes. La resistencia judía —desde 1941 activa como respuesta a la creación, por parte de Kurt Asche, de la Asociación de Judíos de Bélgica— intensifica su actividad y constituye el Comité de Defensa de los Judíos para proteger a quienes viven escondidos. La organización también cuenta entre sus miembros con activistas no judíos, que realizan tareas de enlace con la resistencia de izquierdas del Front de l'Indépendance. No faltan expediciones de castigo contra los colaboracionistas ni actos de sabotaje, como el que tiene lugar el 25 de julio de 1942 mientras Mala está detenida en Breendonk: cuatro hombres de la célula judía de Todor Angelov —la denominada Corps Mobile— irrumpen en la sede que la Asociación de Judíos de Bélgica tiene en Bruselas y queman el registro central de los judíos; en cualquier caso es una copia de la que los alemanes tienen el original.

En Bélgica el mes de septiembre queda muy lejos del final del verano; las nubes son ya oscuras y están cargadas de lluvia como si fuera pleno otoño. Los días 11 y 12, durante la fiesta del Rosh Hashaná —la Nochevieja judía—, las SS asaltan en Amberes los cines, los colegios, los centros deportivos. Dos días después, el convoy X está completo en Malinas: trescientos ochenta y tres hombres, cuatrocientas una mujeres, doscientos sesenta y cuatro niños. Un total de mil cuarenta y ocho personas, entre ellas quinientas veinte arrestadas en Francia, en Nord-Pas-de-Calais; un pequeño mundo amontonado en vagones de tercera clase que el martes 15 de septiembre partirá rumbo a Auschwitz. El viaje es casi *humano.* A partir del mes de abril de 1943, los vagones de tercera clase serán sustituidos por trenes para el transporte de animales.

Mala es incluida en la lista en el último momento, cuando quizá ya piensa que se ha vuelto a salvar otra vez. Eva no se lo esperaba, se la llevan de improviso.

En el semisótano del museo Kazerne Dossin, situado bajo el trazado de las vías, una voz en *off* repite una y otra vez los nombres de las veinticinco mil cuatrocientas setenta y cinco personas que fueron deportadas desde Malinas entre el 4 de agosto de 1942 y el 31 de julio de 1944. En las paredes hay veintiséis televisores, uno por cada convoy. En ellos se proyectan las fichas con los datos de hombres, mujeres, niños, ancianos, belgas, polacos, alemanes, trescientos cincuenta y un gitanos. En su mayoría son muy jóvenes: uno de cada cinco es un niño. De los mil cuarenta y ocho pasajeros del convoy X, al final de la guerra solo sobreviven diecisiete. Las imágenes y los sonidos, amplificados por el eco de la sala, se persiguen monótonos, inexorables. Es necesario esperar sentado casi una hora y media delante de la pantalla por la que pasan las fotografías para ver la número novecientos noventa y nueve, Mala Zimetbaum.

Eva Fastag ve a sus padres y hermanos por última vez en el tren que se lleva a Mala. «Mis padres estaban condenados. Había intentado protegerlos, pero solo había conseguido posponer el momento. Mala fue seleccionada entre los empleados para hacer bulto, ese día fue así. A diferencia de los demás deportados, sabía adónde iba. Me dijeron que los que eran como ella iban acompañados de una recomendación; en Malinas todos apreciaban a Mala, los jefes consideraban que hacía un buen trabajo y ella se desvivía por los prisioneros. Hacía todo lo posible para ser útil. Era su manera de resistir. Algunos trataban de reaccionar, no es cierto lo que se dice de que todos iban en silencio a los trenes; entre el cuartel y el vagón había que caminar y algunos desafiaban al destino intentando huir. Ella resistía viviendo».

Mala viaja. En el compartimento del convoy que atraviesa el campo flamenco se sienta en el estrecho espacio que ha conseguido, apretada entre otros jóvenes como ella, ancianos con los huesos doloridos como sus padres, niños que gritan porque tienen hambre como el pequeño Herman. No sabe cuál es el destino final. La frontera belga se cierra tras ella, delante se encuentra su Polonia natal.

3
Edek

Cuando el convoy x se detiene en la Judenrampe, en Birkenau, Edward Galiński, *Edek,* trabaja como mecánico en el campo femenino. A pesar de que acaba de cumplir diecinueve años, tiene la experiencia de un veterano: llegó el 14 de junio de 1940, menos de dos meses después de la inauguración del campo de concentración *(lager)* concebido por Heinrich Himmler en un principio para encerrar a los opositores políticos polacos.

Hasta la emigración de los Zimetbaum, Edek y Mala habían crecido a pocas decenas de kilómetros de distancia, inmersos en el mismo paisaje rural del sur de Polonia. Ella es mayor, tiene cinco años cuando él nace en Więckowice, un pequeño pueblo del distrito de Tarnów, a un par de horas de coche de Brzesko.

En ambientes distintos, los dos respiran la atmósfera claustrofóbica de la Segunda República Polaca, atrapada entre dos guerras: el largo régimen nacionalista de Piłsudski

—bajo el que se suceden una decena de gobiernos—, el asesinato del presidente de izquierdas Gabriel Narutowicz —al que llamaron *el elegido de los judíos*—, las crisis económicas de 1923 y 1933, el ascenso de la derecha católica —favorecida por el síndrome de cerco—. El joven polaco Edek sueña con rescatar a su patria, la judía polaca Mala madura la conciencia de no tener una.

Więckowice sigue siendo un lugar remoto en medio de los cultivos que abastecen el granero de Europa, donde ahora se erigen unos grandes molinos de energía eólica construidos con fondos europeos tras la caída de la Unión Soviética. El camino, hoy asfaltado, está salpicado de crucifijos, Virgencitas, montones de tubérculos parecidos a las patatas y carteles electorales de los candidatos a las elecciones parlamentarias de 2015, entre los que domina Tomasz Bury, el líder local del PSL —Partido Popular Polaco— que hoy se encuentra en la oposición y que durante la Segunda Guerra Mundial formaba parte del gobierno en el exilio. El pueblo es realmente minúsculo, unos cuantos centenares de casas con el tejado inclinado y mazorcas en los alféizares diseminadas entre los terrenos cultivados. Allí ni los agricultores ni los peones parecen haber oído hablar nunca de Edward Galiński. No hay un verdadero centro, tampoco tiendas, solo una especie de bazar con el letrero *Sklep Spożywczo-przemysło-wy* y una fábrica de lápidas.

Siendo aún un niño, Edek se traslada a Jarosław, donde su padre trabaja en la escuela secundaria. Quince kilómetros suponen un desplazamiento importante para una época en la que no existían estos coches alemanes que pasan ahora como una exhalación adelantando los carros tirados por caballos y a las musculosas campesinas al volante de sus tractores que se reencontrarán después en Jarosław, la zona comercial de los alrededores, además de uno de los mayores centros regionales del Armia Krajowa (AK), el mayor movimiento de resistencia polaco. Este nació en 1942 y de su lucha contra la ocupación da fe el monumento con tres hombres a cuatro patas y dos espadas encima.

En los años veinte, los judíos constituyen un tercio de la población de Jarosław. Conviven con la hostilidad y la suspicacia de sus conciudadanos desde el pogromo que tuvo lugar en 1869, pero han alcanzado un equilibrio. Trabajan, hacen vida doméstica, se reúnen en distintas organizaciones sionistas: Kadima, Eretz Yisrael, HaShahar, Poale Zion y una filial de Hanoar Hatzioni, el grupo en el que militará Mala. No obstante, los quince años anteriores a la Segunda Guerra Mundial la tensión aumenta en la ciudad: los judíos son acusados en primer lugar de haber prolongado la Gran Guerra y luego de enriquecerse a espaldas del resto de la comunidad, que padece hambre debido a la crisis económica. En 1925, mientras se multiplican las asociaciones de ayuda mutua para atender a los necesitados, el ochenta por ciento de las actividades industriales —como las fábricas de galletas y los molinos— pertenece a judíos o a socios de judíos.

La Jarosław en que crece Edek es un microcosmos ejemplar del clima que se vive en Polonia en esa época: los judíos están dentro y fuera. Participan en la vida de las ciudades, publican diarios en polaco —como el *Tygodnik Jarosławski*—, tienen dos orquestas y una compañía teatral y participan en las elecciones municipales con al menos un tercio de los candidatos. Pero a la vez se les considera personas poco fiables, extraños, diferentes: los judíos son los otros.

A finales de los años treinta, mientras Mala empieza a frecuentar los grupos sionistas de Amberes, el adolescente Edek estudia en la escuela naval de Pinsk, la ciudad natal del futuro presidente de Israel, Jaim Weizmann. Pinsk, donde dos tercios de sus treinta mil habitantes son judíos, no seguirá siendo polaca por mucho tiempo: invadida por los soviéticos en 1939, será después anexionada al territorio de Bielorrusia.

La escuela naval se encuentra a varios cientos de kilómetros de Galitzia. Edek solo vuelve a casa por vacaciones y cada vez encuentra una atmósfera más oprimente. En 1940 la situación está a punto de quebrarse: los alemanes invaden Jarosław, la mayor parte de los judíos ha cruzado ya el río San para refugiarse en la orilla soviética, la actividad clandestina conspira entre bastidores alimentada por los patriotas que combatieron el 10 y el 11 de septiembre de 1911 en defensa de la ciudad. Edek está en contacto con la resistencia local a través de los amigos con los que se reúne en Navidad y Pascua o durante el verano. Los ve cuando regresa a su casa: está con la familia, hace balance de los estudios ante su padre —a quien le gustaría alejarlo del frente— y después entra de lleno en la política participando en las reuniones y distribuyendo periódicos clandestinos con las noticias interceptadas en la BBC.

En primavera, Jarosław, Varsovia, Cracovia y Lublin son sacudidas por la AB-Aktion, la operación lanzada por la Gestapo contra los servicios de inteligencia polacos que en un par de meses llevará al arresto de más de treinta mil personas entre estudiantes, profesores, sacerdotes y activistas políticos. Varios miles de prisioneros serán asesinados de inmediato en zonas aisladas o en el corazón del bosque. Los demás serán encarcelados en Varsovia, Cracovia, Radom, Kielce, Nowy Sącz, Lublin o Tarnów y cargados a continuación en los primeros vagones con destino a Auschwitz. El joven de dieciséis años Edek es uno de ellos.

Tarnów es un gran núcleo urbano situado al pie de los Cárpatos en el que los judíos representan la mitad de la población hasta octubre de 1939, cuando se verán obligados a lucir la estrella de David antes de ser deportados y asesinados casi en su totalidad. Tarnów, conocida hasta los años treinta por una industria química emergente, a principios de la Segunda Guerra Mundial se convierte en una de las bases más importantes del Armia Krajowa. La cárcel donde el 7 de mayo de 1940 fueron encerrados Edek y diecisiete de sus conciudadanos se encuentra a pocos minutos andando de la plaza del mercado, una joya arquitectónica conocida como *la perla del Renacimiento,* casi a espaldas del barrio judío. El edificio con sus torres de guardia, sito en la calle Konarskiego, no ha cambiado su estructura ni su función y sigue siendo una prisión vigilada por tanques, donde se encierra a los delincuentes comunes.

«Edek estudiaba bachillerato, casi todos éramos adolescentes», recuerda su coetáneo Antoni Rychlowski, que subió con él al tren de Auschwitz. Las condiciones de reclusión son duras, la comida escasea, la incertidumbre por el mañana es oprimente, pero la preocupación principal es la imposibilidad de comunicarse con sus familias. En la plaza Więźniow Oświęcimia hay en la actualidad un monumento dedicado al «Traslado de los prisioneros de Auschwitz» que recuerda a los primeros deportados, la mayoría estudiantes polacos.

Según la historiadora Aleksandra Pietrzykowa, la noche del 13 de junio de 1940 un grupo de setecientos veintiocho prisioneros, entre los que hay veinte judíos, es conducido a las duchas y desinfectado. A la mañana siguiente, cuando la esvástica ondea sobre la Torre Eiffel y hace cuatro días que la Italia de Mussolini ha entrado en la guerra, las SS llevan a todos a la calle Bóżnic, a los restos del *mikve,* que es derruido al igual que las sinagogas de la ciudad durante las primeras semanas de ocupación alemana, y de ahí a la estación. Con Edek se encuentran Tadek Szwed, Djunio Beker, Romek Trojanowski, Kazimierz Albin, Wiesław Kielar y Stanisław Ryniak, que es el número treinta y uno, el primer prisionero político de Auschwitz después de los treinta presos comunes alemanes deportados desde Sachsenhausen. Eugeniusz Niedojadło recuerda perfectamente esa mañana: «Era un día caluroso y soleado. Caminábamos en fila de a cuatro formando una larga serpiente que no sabía adónde se dirigía. Las SS gritaban, nosotros estábamos tristes, deprimidos. Las calles estaban desiertas, pero se veían algunas personas mirando desde detrás de las ventanas. De repente una mano desconocida nos lanzó un ramo de flores de color rojo, pero un SS las aplastó».

Entre Tarnów y Oświęcim —el nombre polaco de Auschwitz— hay casi ciento cuarenta kilómetros. Los deportados ven pasar por las ventanillas cerradas los campos de trigo aún verdes, los pueblos y las iglesias con sus campanarios puntiagudos y la capital de la gobernación general de Cracovia, donde los alemanes están celebrando la conquista de París. Pasan también por Brzesko, la ciudad a orillas del río Uszwica donde nació Mala y donde los lugartenientes del Tercer Reich llevan a cabo las ejecuciones en el antiguo cementerio judío. Antes de cruzar la puerta coronada con el famoso letrero *Arbeit macht frei* («El trabajo te hace libre»), hay que esperar varias semanas en un almacén de la fábrica de tabaco que está fuera del campo, pues este aún está en obras. En ella los prisioneros pasan la cuarentena y conocen al *SS-Hauptsturmführer* Karl Fritzsch, que les da la bienvenida: «Este es el campo de concentración de Auschwitz. Cualquier resistencia o desobediencia será duramente castigada. Los que desobedezcan a los superiores o intenten escapar serán condenados a muerte. Las personas jóvenes y robustas no sobreviven más de tres meses. Los sacerdotes un mes, los judíos dos semanas. De aquí solo se sale por la chimenea».

Edek es muy joven y, aunque ha pasado ya por la cárcel de Tarnów, frente a él se abre el abismo. Además de Karl Fritzsch, los esperan unos hombres vestidos con un pijama de rayas al que hay cosido un triángulo verde con

números consecutivos del uno al treinta. Empuñan basto-
nes, la expresión de sus caras es torva, lanzan imprecacio-
nes. Son los antiguos presos comunes de Sachsenhausen.
Edek y sus compañeros comprobarán muy pronto que son
más crueles y sádicos que las SS. Entretanto, los recién
llegados son depilados, obligados a ducharse con agua he-
lada y registrados uno tras otro. Se les asigna un número
a cada uno, del treinta y uno al setecientos cincuenta
y ocho. A Edek le toca el quinientos treinta y uno. Wiesław
Kielar, con quien trabará amistad poco a poco, es el doscientos noventa.

Los primeros meses son traumáticos. Las raciones
diarias de comida consisten en una rebanada de pan, una
sopa y un trozo de morcilla. El campo está aún en obras
y, entre palizas y castigos, los deportados deben trabajar
en la ampliación de su estructura para que acoja a otros
como ellos. Kielar cuenta que al otro lado del alambre de
púas, donde la vida sigue transcurriendo con normalidad,
se puede ver a los campesinos, a los braceros, a las mujeres
atareadas en los patios de las casas, y cuando notan que las
está mirando primero hacen como si nada, pero después,
conmovidas, encuentran la manera de lanzar un pedazo
de pan o un trozo de salchicha. Las condiciones no pueden
ser más duras, los más débiles se abandonan hasta morir
y se van transformando poco a poco en zombis vacilantes,
conocidos como los *musulmanes.*

Al principio Edek enferma, corre el riesgo de morir.
«Estaba a punto de convertirse en un musulmán, en una
persona replegada, incapaz de asegurarse la supervivencia»,

escribe Kielar. Sin embargo, hay gran solidaridad entre los prisioneros del campo. Sus compañeros lo ayudan y él se recupera, vuelve a la normalidad. Cuando puede ponerse de nuevo en pie, aprovecha su habilidad manual para conseguir que lo asignen a la sección de las instalaciones hidráulicas; un buen trabajo que se realiza en buena parte a cubierto y que le permite moverse por los bloques sin necesidad de permisos especiales. Además de estar al amparo del frío en invierno, Edek puede entrar en contacto con los civiles que trabajan en la ampliación del campo madre y servir de enlace con los grupos clandestinos de dentro. Su horizonte se limita ya al campo, donde la llegada de nuevos trenes y la cadencia del trabajo forzado marcan el paso del tiempo; el recuento del 6 de julio de 1940, durante el que se descubre la evasión de Tadeusz Wiejowski, el compañero de Edek, dura diecinueve horas. Resistir es una cuestión de fuerza de voluntad y de instinto de supervivencia.

El invierno de 1940, el mismo en el que Mala es incluida en el registro de judíos de Borgerhout, es más frío de lo habitual. Los prisioneros del primer convoy se van agrupando y ayudando unos a otros a medida que crece la población del campo. La resistencia empieza a organizarse también en el interior y el 19 de septiembre de 1940 se incorpora a la causa el capitán Witold Pilecki, *el voluntario de Auschwitz,* un oficial del ejército polaco que provoca voluntariamente su internamiento en el campo con el objetivo de enrolar a sus compatriotas prisioneros, tejer una red clandestina y organizar la revuelta.

A principios de mayo de 1941, Heinrich Himmler va a inspeccionar la criatura de su invención. A todas luces satisfecho, ordena la expansión de Auschwitz, lo que en el futuro será Birkenau, es decir, Auschwitz II, un segundo campo destinado en su origen a acoger a cien mil prisioneros de guerra soviéticos y que más tarde será *ascendido* a estructura básica de la *solución final* en Occidente. En esta ocasión, Himmler proyecta también una zona industrial denominada Auschwitz III, que debe realizarse sobre las instalaciones ya existentes, en correspondencia con el centro habitado de Dwory, a siete kilómetros del cuerpo central.

En este periodo, un grupo de prisioneros de Auschwitz empieza a construir la Buna, la imponente instalación de la IG Farben destinada a elaborar el carbón para producir combustible y caucho sintético. Las condiciones son extenuantes, los prisioneros deben recorrer a pie siete kilómetros para ir a las obras y los mismos para regresar a Auschwitz I. Dado que el agotamiento de la fuerza de trabajo es contraproducente, los alemanes deciden construir otro *lager* en las inmediaciones de la fábrica, Auschwitz III, denominado también Monowitz o Lager Buna. Casi todos los detenidos de Auschwitz III, que funcionará al máximo de su capacidad entre 1943 y 1944, son judíos. De los treinta y cinco mil registrados, más de veinticinco mil morirán de tifus, privaciones y fatiga.

Edek ha cumplido dieciocho años, pero es un hombre viejo para su edad. Ha visto nacer la máquina de exterminio, la guerra cotidiana por un cucharón de sopa más, el tifus —que devora el intestino igual que la humillación sistemática aniquila la mente—, los prisioneros privados de todo hasta tal punto que solo desean ahorcarse con el cinturón o abalanzarse sobre el alambre de púas electrificado.

En la primavera de 1942 Mala ya no pedalea despreocupada a orillas de los canales que rodean Amberes, sino que desafía a diario el amanecer y siente el aliento de los alemanes en el cuello. Edek se mueve entre los veintiocho bloques de albañilería que, junto a las barracas de madera de correos, la lavandería y la oficina de la Gestapo, integran Auschwitz I. Su trabajo lo obliga a estar fuera, se desplaza a pie o en bicicleta hasta las obras de Auschwitz II, los subcampos, la Buna. Trabaja con la cabeza gacha para no llamar la atención sobre los contactos que tiene con la resistencia, pero ve con toda claridad los trenes que resoplan, se detienen, abren las puertas de sus vagones y arrojan al campo una desmesurada carga humana. Ahora llegan un sinfín de mujeres. Unas mujeres humilladas, envilecidas, privadas de sus vestidos y de su dignidad que, sin embargo, en los recuerdos de Wiesław Kielar siguen siendo unas criaturas ideales, iconos de ternura, de vida, incluso de deseo. En el voluminoso *Anus Mundi*, Kielar describe estos primeros meses sin pasar nada por alto, ni siquiera el anhelo con el que los prisioneros políticos como él esperaban a las mujeres procedentes de Ravensbrück y a las judías eslovacas, que fueron deportadas en la primavera de 1942 y que se quedaron varias semanas en Auschwitz I, hasta la apertura del campo femenino de Birkenau. Evoca también las citas fugaces de los prisioneros y las prisioneras a la sombra de las barracas más recónditas.

El otoño regresa con hielo, nieve, lluvia intermitente, un cielo sombrío que echa por tierra los sueños. Para Edek es el segundo año, su trabajo se ha extendido hasta Birkenau, donde se concentran las mujeres. Para Mala es el principio.

Kielar, el amigo inseparable de Edek, enferma de tifus, está muy débil. Edek le procura una sandía robada y luego cumple la promesa de llevarlo a sus territorios, unos espacios *privilegiados* a los que puede acceder gracias a su trabajo como mecánico y fontanero. De esta forma, Kielar ve por primera vez el campo femenino y el Canadá I, el almacén donde se depositan las pertenencias de los deportados que son enviados al crematorio, llamado así porque se asocia a la idea de riqueza. En él trabajan las mujeres, prisioneras con el pelo cubierto por unos pañuelos limpios, como enfermeras de hospital, guapas, sonrientes, una presencia reconfortante, muy diferente de las siluetas esqueléticas, sin luz en los ojos a las que han quedado reducidas el resto de las prisioneras.

«Edek es alto, fuerte, guapo». La descripción de Kielar revela admiración, puede que una punta de envidia. Ha adquirido seguridad, es un hombre. Su amigo se burla de él, repite que las prisioneras lo miran de reojo, en parte atraídas y en parte un poco atemorizadas, pero nunca cita episodios ni chismes en los que sea protagonista. Le habla de sus relaciones amorosas, de las prostitutas del campo, reconoce sus torpes intentos de abordar a la prisionera Halina, para los cuales debe animarse bebiendo unos cuantos tragos; menciona también las pulsiones sexuales, que resisten, pese a la deshumanización sistemática, debido a la fuerza desesperada del instinto; pero no dice una palabra sobre Edek, *el discreto*.

Edek y Mala ahora están cerca. Ella conoce el hambre, el frío, la fuerza del instinto de supervivencia. Edek es un veterano del campo, donde ya quedan pocos pioneros como él; un trabajador eficiente, apreciado entre los mecánicos, pero también en los talleres de los carpinteros, donde ve a menudo a Konrad Gracz, el número veintisiete mil cuarenta y dos. El estudiante de Pinsk se ha emancipado, bebe de buena gana con sus compañeros para aislarse de la realidad que lo rodea, trata con las SS sin servilismo, en el fondo sigue soñando con el momento en que volverá a combatir con la resistencia polaca. Ha aprendido los movimientos del juego de la supervivencia, pero no abusa de ellos, desprecia a los *kapos*. Edek es un privilegiado que se mueve libremente por los diferentes sectores del campo, tiene acceso a las duchas, come mejor que los demás y dispone de vodka, que no es de la peor calidad; sin embargo, no suscita hostilidad: pasa por *uno que ayuda cuando puede, como puede y a quien puede.*

4

Birkenau

Dos mil ochocientos ochenta minutos. El viaje hacia el este es interminable. Faltan agua, comida, espacio para desentumecer las piernas. Los cuerpos se amontonan uno encima de otro, el aire del compartimento está saturada de sudor, orina, histeria. El llanto de los niños es exasperante. Mala ha visto ponerse en marcha nueve convoyes como el suyo y supone que el destino es un campo de trabajo durísimo. El jueves 17 de septiembre de 1942 el tren deja atrás Oświęcim y prosigue hasta que se detiene en medio del campo, a un kilómetro de la entrada de Birkenau, la puerta del infierno donde más de un millón de personas arderán durante la guerra. A primera hora de la mañana, en la plataforma situada en medio de la nada, cuyo nombre, Judenrampe («la rampa de los judíos»), Mala aún desconoce, están los SS con las piernas abiertas, listos para seleccionar a los deportados: los hábiles a la izquierda, los inhábiles a la derecha. El megáfono amplifica la dureza de las órdenes, los perros ladran amenazadores, las mujeres se pegan a sus hijos, los grupos de hombres con el uniforme de rayas y la mirada apagada ejecutan las órdenes de los alemanes y ponen en fila a los recién llegados. Amberes queda muy lejos en el tiempo, Mala ha regresado al punto de partida: su Brzesko natal dista apenas ciento veinte kilómetros.

Los deportados son seleccionados cuando salen de los vagones, pasan por el tamiz del médico y, dependiendo de su condición física, son destinados al trabajo o directamente al crematorio. Es un vaivén continuo: en el mes de septiembre parten de Bélgica, de los Países Bajos y de Francia con rumbo a Auschwitz casi veintiséis mil, de los que tres mil ochocientos ochenta y cuatro serán registrados y el resto morirá enseguida. La abundancia de mano de obra permite a los nazis elegir rápidamente con criterios más estrictos. El convoy de Mala pasa por la criba: el tiempo justo de orientarse, echar a andar hacia la entrada y los mil cuarenta y ocho prisioneros de Malinas quedan reducidos a trescientos tres, de los cuales ciento uno son mujeres.

El segundo conflicto mundial entra en su tercer año. Los ejércitos del Reich se ciernen sobre el frente soviético y retroceden en África septentrional, la iniciativa japonesa en el sudeste asiático es detenida por la contraofensiva aliada, en Europa la máquina del exterminio funciona a pleno ritmo, el *lager* de Treblinka abre las puertas a doscientos sesenta y cinco mil judíos deportados del gueto de Varsovia, el mayor de Europa. Auschwitz se expande; pese a que se encuentra próximo a la Gobernación General, Birkenau recibe los convoyes procedentes de Europa occidental, las estructuras se multiplican, el proyecto de exterminio avanza día a día con la despiadada normalidad que se desprende de la narración de las víctimas, pero también de sus asesinos, como el SS Johann Paul Kremer, el médico de Münster, conocido por el diario en que apunta los episodios banales y las *acciones* especiales con la misma aséptica indiferencia.

El jueves 17 de septiembre de 1942, mientras Mala se enfrenta a su primera noche en un barracón de tierra batida —en lugar de pavimento— en el que decenas de prisioneros comparten con los ratones las estrechas literas de tres pisos, Kremer escribe: «He pedido un abrigo deportivo al Kleiderkasse de Berlín [la oficina de distribución de ropa]. He incluido los cupones para el abrigo como parte de mi uniforme. Hoy he visitado el campo femenino de Birkenau con el doctor Meyer». Tres días más tarde, Mala ya ha sido absorbida por el movimiento perpetuo del campo y Kremer saborea sus pausas: «Este domingo por la tarde, de las tres a las seis, he escuchado un concierto de la banda de los prisioneros en un atardecer glorioso. El jefe de la banda era director de la ópera de Varsovia, ochenta músicos. Cerdo asado para comer, tenca al horno para cenar».

El campo femenino se encuentra en Birkenau, Auschwitz II, un terreno aún más cenagoso y precario que Auschwitz pero funcional, dada su proximidad a la línea ferroviaria. Alrededor, además del alambre de púas electrificado que rodea los barracones, se extienden los bosques de abedules y las ciénagas maláricas que forman los ríos

Vístula y Sola. Destinada en un principio a los hombres, el área, inmensa, se adapta a su nuevo uso el 26 de marzo de 1942, cuando llegan los primeros dos transportes femeninos, con novecientas noventa y nueve prisioneras cada uno: judías, eslovacas y prisioneras de Ravensbrück. Es el *evento* del que no deja de hablar Wiesław Kielar, el amigo de Edek. Describe la curiosidad y excitación de los hombres, que, después de casi dos años de segregación, se despiertan buscando una navaja de afeitar o un peine. En esos mismos meses, en Mauthausen, Heinrich Himmler ordena la creación de un burdel para incentivar a los prisioneros *poco productivos* y reprimir la homosexualidad *degenerada* que se ha extendido por los campos. Es el primero de los diferentes *Lagerbordell* que abrirán sus puertas en los campos de concentración nazis. En otoño de 1943 inauguran también uno en Auschwitz I y otro en Monowitz, unos barracones separados de los demás donde el personal de vigilancia puede disfrutar de una prima y pasar un rato con *las chicas,* en su mayoría prostitutas alemanas y deportadas no judías que han sido esterilizadas para evitar embarazos.

El traslado de las prisioneras desde Auschwitz I empieza a mediados de agosto y al final del verano ya están todas en el sector BIa, el brazo femenino de Birkenau, hileras e hileras de bloques de albañilería a la derecha de la entrada.

Mala observa la inmensidad del campo. La insultan, la empujan, pero, como a diferencia de las demás comprende las órdenes que gritan los alemanes, logra esquivar los peores golpes. Aun así, se tambalea en la oscuridad. El procedimiento es rápido. En el barracón de registro el trabajo es similar al que realizaba en Malinas, cada nombre se convierte en un código. Pero aquí se lo tatúan en el brazo izquierdo. Duele, quema, es humillante. Mala mira su número, diecinueve mil ochocientos ochenta, cinco cifras para toda la vida: dentro están todos los que la han precedido y los que la seguirán.

Al dolor físico se suman las preguntas sin respuesta, el aire fresco de la mañana le ha bastado para recuperar el aliento después del viaje de dos días, pero la respiración le vuelve a fallar ya. Los SS y sus esbirros las apremian. Las prisioneras deben quitarse la ropa para la desinfección, tirarla en un rincón y, desnudas delante de la mirada burlona de las centinelas, entregar lo poco que aún les queda en el fondo de los bolsillos, una fotografía, la pulsera que un día les dio su mejor amiga, el anillo de compromiso que se ha salvado de forma milagrosa de las razias incesantes hasta ese momento. Algunas lloran, otras se ríen de forma neurótica mientras tratan de taparse con torpeza el pecho y el pubis con las manos, suscitando la hilaridad de las *kapo*s, que las afeitan de pies a cabeza y las empujan bajo las duchas heladas. No hay miradas amigas, solo escarnio o terror.

El número diecinueve mil ochocientos ochenta es uno más entre miles. En un primer momento, sus energías se concentran en el esfuerzo físico y psíquico necesario para no sucumbir a la progresiva aniquilación. El 30 de septiembre estalla una epidemia de tifus. Todos los frentes están abiertos. La malaria; el sadismo de las guardias, que asisten al penoso trueque por la supervivencia, un pedazo de jabón vale una corteza de pan o viceversa; las noches pobladas de fantasmas y piojos, con la pesadilla del posible recuento apenas concilian el sueño; la obsesión por los zapatos, consciente todo el tiempo de que perder uno es fácil, pero encontrarlo de nuevo es imposible y caminar descalzo puede suponer la muerte. A finales de octubre, en el campo base de Auschwitz, que está a unos tres kilómetros, son fusilados en un solo día doscientos ochenta prisioneros. Mala sigue como puede, vestida con el burdo uniforme de rayas, y, al igual que muchas, trata de hacerse un hueco.

Hay que hacer como en Malinas: arreglárselas para sobrevivir con la esperanza de que, entretanto, el resto de la familia se ponga a salvo. El 31 de octubre sacan a su hermano Salomon de Dannes-Camiers, donde trabaja, y lo llevan con otros mil trescientos quince prisioneros a Malinas, porque los judíos se esconden y la policía SiPo-SD ya no logra llenar los trenes para Auschwitz. Le asignan el número setecientos noventa y uno. Mala podría verlo llegar un día a bordo del convoy XVI o del XVII, pero Salomon se ha politizado en Francia, está en contacto con los grupos partisanos y organiza la fuga con varios compañeros. Esa noche, cuando los trenes ya cargados parten de Muizen, que se encuentra nada más salir de Malinas, Salomon y sus amigos están preparados. Han planeado saltar del tren antes de cruzar la frontera belga. Uno de cada cinco lo consigue y escapan doscientos veintinueve. Salomon Zimetbaum está entre ellos.

No hace falta mucho para comprender que Birkenau no tiene nada que ver con Malinas, exceptuando que ambos forman parte del mismo proyecto asesino. Al igual que todos, Mala debe contar con sus propios medios. El conocimiento de idiomas también le resulta útil aquí: el campo femenino acaba de abrir sus puertas, la feroz *SS-Oberaufseherin* austriaca Maria Mandel acaba de ser trasladada desde Ravensbrück para ocupar el cargo de comandante de la sección femenina de Birkenau, *SS-Lagerführerin*, y necesita una intérprete. Mala habla francés, alemán, inglés, polaco, flamenco, yidis y entiende un poco de ruso, es decir, buena parte de los idiomas del campo. En pocas semanas la administración la emplea como *Lauferin*, esto es, mensajera-recadera e intérprete. En unos meses se ha ganado la simpatía de Mandel y también de su subordinada Margot Drechsel, la famosa vigilante alemana.

A principios de 1943, Mala Zimetbaum es un personaje relativamente conocido y no solo en el bloque 11 de Birkenau, donde vive. Se mueve por el interior del campo femenino, pero también fuera. Se familiariza con los prisioneros de Auschwitz y con los triángulos de colores prendidos de las chaquetas: el rojo para los prisioneros políticos como Edek, el verde para los *delincuentes comunes*, el morado para los Testigos de Jehová, el negro para los *asociales*, el negro con una pequeña zeta al lado para los gitanos, el rosa para los homosexuales, la estrella de seis puntas de dos colores para los judíos como ella. Ahora lleva ropa de paisano, puede dejarse el pelo largo y lavarse con regularidad, ya no debe acudir dos veces al día al insoportable recuento de presos, que se puede prolongar hasta tres horas y durante el cual, en este primer invierno, que está siendo gélido, decenas de mujeres caen al suelo muertas o mueren más tarde de pulmonía en la enfermería. Evita los golpes y no corre el riesgo de que la metan en la cámara de gas. Al menos por el momento. A pesar de que trabaja para los nazis, sigue siendo una víctima que apoya a las demás víctimas, quienes, de hecho, parecen reconocerle un estatus especial: es una privilegiada, pero se vuelca con las demás.

Léa Karbi, deportada desde Eslovaquia en 1942, es una de las primeras que traba relación con ella. «Conocí a Mala Zimetbaum cuando llegó, a la vez que entré en contacto con el grupo de la resistencia belga. Actuamos juntas. Ayudamos a la gente. Ella consiguió trabajo a varias mujeres que habían sido seleccionadas para la cámara de gas y de esta forma impidió que se las llevaran. Ayudó a todos los que pasaron por la enfermería, cualquiera podía dirigirse a Mala».

Hace equilibrios andando sobre una cuerda sin red. En la cuerda la sostienen su argucia y su temple, abajo están los asesinos esperando a que caiga. Mala no se hace ilusiones, no se las hacía ni siquiera cuando, siendo muy joven, desmontaba la ingenuidad de sus padres, que estaban convencidos de que los alemanes y los judíos podían convivir si colaboraban. Mala sabe que está condenada, a pesar del favor del que goza de momento. Al igual que los hombres del *Sonderkommando*, que están obligados a trabajar en las cámaras de gas, por ahora la utilizan contra sus compañeras. Un día le tocará a ella. Si, entretanto, le hacen el vacío por su condición de privilegiada, se quedará sola.

¿Aprovecharse de Auschwitz sin que te engulla? Un desafío mortal. El psicoanalista Gérhard Huber es autor de uno de los raros textos que existen sobre Mala Zimetbaum, basado en los testimonios de sus compañeras de prisión. Según él, Mala se lanzó a un peligroso doble juego. Huber está convencido de que en el sistema perverso del *lager,* en el que la supervivencia de las víctimas dependía de su *mutación de identidad* y de su *identificación con el agresor,* ella no se limitó a resistir. «Mala intentó que el juego del sistema fuera contra este. Por eso ninguna deportada la criticaba». Es más, las *buenas acciones* de Mala adquirieron un carácter heroico, casi mitológico, hasta tal punto que algunos llegaron incluso a imaginar una rocambolesca, además de improbable, fuga del bloque de la muerte, al que la habrían destinado a su llegada.

El 26 de enero de 1943, Mala cumple veinticinco años. En el campo hace mucho frío, las temperaturas alcanzan veinte grados bajo cero, la humedad penetra en los huesos. El convoy XVIII, el primero del nuevo año, que salió de Malinas la semana anterior, el 15 de enero, descarga en Auschwitz a sus padres. Casados desde 1905, los dos tienen más de sesenta años, así que los encargados de la selección los desechan sin vacilar. Mala no sabe nada. No sabe que los arrestaron el 26 de noviembre de 1942 ni que con ellos ha sido deportado también su sobrino, el pequeño Herman, que se aferrará a la falda de su abuela hasta la última lágrima. Sin embargo, sabe que dos tercios de los que llegan son colocados a la derecha de la rampa de Birkenau, condenados sin posible apelación, mujeres, viejos, niños. Gracias a su trabajo puede acceder a los documentos en alemán, ha leído que todos los meses muere una quinta parte de los deportados considerados hábiles. De hecho, la famosa escritora Irène Némirovsky, que llegó al campo dos meses antes que Mala, murió al cabo de unas semanas.

«El invierno entre 1942 y 1943 fue cruel, muchos murieron», recuerda Anna Palarczyk. Anna, el número diecisiete mil quinientos veinticuatro, lleva en Auschwitz poco más de un mes cuando Mala es registrada. Coinciden, Mala oye que procede de Cracovia y le pregunta si conoce, por casualidad, Lubicz-Strasse, la larga calle que en la actualidad está flanqueada por entidades bancarias y paradas de tranvía y en la que, por lo visto, vive su abuelo paterno, Berisch Hartman, que ha perdido a su mujer, Jachwet. Es probable que, mientras ella habla con Anna Palarczyk, él muera en Belzec, donde llevan a todos los judíos de Cracovia. En esos meses, de hecho, los nazis concluyen la destrucción del gueto de Cracovia, quince mil personas son desalojadas de Kazimierz y amontonadas en la que ahora se denomina Plac Bohaterów Getta («la plaza de los Héroes del Gueto»), una gran explanada situada a pocas manzanas de la fábrica de Schindler, donde el año 2005 dos artistas polacos esculpieron setenta sillas grandes, símbolo de las escuelas vacías de los que ya no existen, como los niños que, en una película nazi de la época, llevaban las sillas a la plaza donde los habían agrupado.

A partir de ese momento, según recuerda Anna, ella y Mala se ven a menudo. «A finales de 1942 pasábamos bastante tiempo juntas. Yo era secretaria auxiliar en el bloque 7 y ella estaba en Lauferin. Tenía los ojos azules, una voz dulce y cortés, una elegancia que desentonaba con el ambiente circunstante. Hablaba bien alemán y polaco con acento yidis. Yo, en cambio, sabía francés, así que hablábamos en este idioma. No queríamos hacernos las interesantes, sino aislarnos del horror que nos rodeaba. Una vez le cité *Komm zurück,* una canción popular. Ella la conocía y me enseñó a cantarla en francés. No sabía que hubiera cruzado el frente, era la misma melodía en varias lenguas. Decía: *J'attendrai toujours ton retour. J'attendrai car l'oiseau qui s'enfuit vient chercher l'oubli dans son nid.* Soñábamos con volver a casa».

Las selecciones aumentan de manera exponencial y las condiciones del campo se agravan desmesuradamente. El 6 de febrero el recuento dura casi todo el día y las mujeres que caen víctimas del frío están condenadas. No hay piedad para las que se quedan rezagadas. Cuando Mala y Anna enferman de tifus, son conscientes de que deben recuperarse lo antes posible. A Anna le cuesta más acceder a las medicinas y quizá su constitución es menos robusta, porque tarda un poco más en curarse. «Mala trataba en todo momento de conseguir comida para las convalecientes, animaba a las que estaban desesperadas. La resistencia en Birkenau consistía en apoyarse unos a otros y ella lo hacía de verdad, parecía algo arraigado en su ética. A mí me traía pan, un poco de miel y zanahorias; sin las vitaminas de las zanahorias me habría muerto. Cuando me bajó la fiebre, estaba en los huesos y me había quedado sin zapatos. Mala me regañaba, decía que debía cuidarme, buscar los zapatos y encontrar la manera de lavar mi ropa».

Al principio, el trabajo principal de Mala consiste en hacer de correo entre sus directos superiores y los demás comandantes del campo. Va de un lugar a otro comunicando informaciones de servicio: noticias neutras, como la urgencia de reparar el tejado de un bloque, pero también datos sensibles, como las personas que han sido seleccionadas para la ejecución, las fallecidas, la necesidad de reforzar un equipo de trabajo. Aniela Turecka-Wajd, la número veintitrés mil trescientos sesenta y ocho, la recuerda con toda claridad: «Las mujeres como ellas esperaban paradas las órdenes, padecían de forma terrible el frío en invierno. Luego, cuando Drechsel o Mandel las llamaban —*Lauferin!, Lauferin!*—, tenían que apresurarse a hacer lo que les ordenaban. No obstante, Mala desempeñaba también una segunda función: acompañaba a los barracones a las pacientes que habían sobrevivido al hospital y se habían salvado de la cámara de gas. En esos casos, podía decidir su destino en cierta medida, así que procuraba que las más débiles se quedaran dentro o mandarlas a las unidades donde el trabajo era menos duro, para que pudieran recuperarse». La cadena de montaje de la muerte no prevé obstáculos, la enfermería es la enésima selección: salir de ella significa posponer un poco el final. Mientras que este llega, hay que volver a transportar vigas de hierro, limpiar los canales de desagüe, recoger piedras en la ciénaga para construir carreteras y muros, deslomarse para alimentar la industria alemana y, al mismo tiempo, contribuir a la propia aniquilación física. *Arbeit macht frei.*

Su conocimiento del alemán sirve a Mala para trabajar en la administración y los demás idiomas le permiten ser un medio de comunicación importante en la babel de Birkenau. La mensajera Mala, a la que muchas llaman *Mala de Amberes,* trabaja cada vez más como intérprete, sobre todo en la enfermería, donde suele ver a Anna. «Nos encontrábamos allí, yo esperaba a mis enfermos para llevarlos a los bloques y ella a los suyos. Mala asignaba el trabajo a los prisioneros que salían del hospital y en eso los ayudaba mucho. No miraba si eran judíos o polacos, para ella eran todos iguales, destinaba a los más débiles a los puestos donde los guardias eran menos severos y las tareas menos pesadas. La recuerdo perfectamente, muy elegante, caminando delante de las prisioneras descalzas, sin bragas, envueltas en sábanas. El contraste era enorme. Con todo, nadie la acusó nunca de aprovecharse de su posición, algo que muchos hacían en el campo, porque Mala resistía a la deshumanización de Auschwitz. Ella servía de puente entre amigas que estaban lejos, llevándoles sus respectivos mensajes; conseguía medicinas raras, como Digitalis o Cardiazol; nos guardaba recortes de periódicos para que estuviéramos informadas sobre el desarrollo de la guerra».

El 19 de febrero de 1943, el Comité Internacional de la Cruz Roja de Ginebra recibe un mensaje de Mala, del cual en los archivos solo hay rastro de su paso, pero no de su contenido, y lo remite a la Asociación de Judíos de Bélgica. Así pues, Mala puede escribir. No puede hablar de las escenas a las que asiste a diario, de los espectros que deambulan por el campo mientras esperan la muerte, de la disentería, la tuberculosis, el tifus, de los cadáveres mutilados por los ratones, del instinto de supervivencia que con frecuencia saca lo peor de la mezquindad humana, del invierno interminable con agua por todas partes, salvo en los grifos. No puede hablar de los documentos a los que tiene acceso gracias a que trabaja en la burocracia del campo, de la contabilidad de la muerte. Pero puede comunicar que está viva.

Con el tiempo se producen nuevas llegadas. A finales de febrero entran en el campo los primeros gitanos, que son clasificados como *racialmente asociales* y destinados al sector BI-Ig, por el que pasarán un total de veintitrés mil personas. A mediados de marzo se hacen las pruebas del Crematorio II, uno de los cuatro que terminarán de construirse en el verano de 1943, situado en el lado opuesto a la entrada, después de los barracones del BIa y BIb. Entre abril y mayo tiene lugar la valiente y desesperada insurrección del gueto de Varsovia, en la que, al igual que en la anterior revuelta de enero, los judíos luchan sin recibir demasiada ayuda del gobierno polaco en el exilio hasta que los alemanes declaran triunfantes: «El barrio judío ya no existe».

Mala, quien, según la prisionera belga Rebecca Liwschitz, tiene frecuentes accesos de fiebre debido a la malaria, no se detiene un momento, puede que ni siquiera para pensar. *Schnell! Schnell!* Mala corre al oír la llamada de Mandel, conocida como *la bestia* por el evidente y sádico placer que siente al ver a las mujeres y los niños caminando hacia las cámaras de gas y a la que se considera responsable de la muerte de decenas de miles de prisioneras, pero que no oculta la predilección que siente por ella. Trabaja con eficiencia, rapidez, precisión, con el sentido práctico y la capacidad de organización que aprendió en los años de militancia en Hanoar Hatzioni, cuando se ocupaba tanto de organizar un seminario sobre el sionismo como de planificar un campamento con sus compañeros y con su querido Charles. Siempre que puede va a recibir los convoyes que, innumerables, ahora se adentran en el campo. La resistencia belga intenta bloquear en estos meses los trenes, pero solo consigue facilitar alguna que otra evasión. Mala escruta las caras de los supervivientes de los guetos polacos, de los judíos de los Balcanes, de cincuenta y cinco mil griegos, de las víctimas sin escapatoria, como Suzanne Kaminski, de cinco semanas y media, que murió con su madre el 19 de abril de 1943, poco después de bajar del tren. Busca entre los ojos aterrorizados, que la miran fijamente, con la esperanza de no reconocer a nadie. En realidad, en el aire denso y nauseabundo que respira ya están sus padres, su sobrino Herman y también los otros dos, Max y Bernard, los niños que consiguió salvar en Malinas y que, sin embargo, fueron deportados poco después, el 24 de octubre de 1942, tres convoyes antes que el de sus abuelos.

Queridos:

Espero que aún os acordéis de mí y que os alegre recibir una muestra de amor de la novia de Charles. He escrito a mis padres y a mis amigos, pero no me han contestado. Espero que no os moleste si os vuelvo a preguntar dónde están mis padres. ¿Cómo estáis vosotros? ¿La salud va bien? Recuerdo a menudo los domingos que Charles, sus hermanos y yo pasábamos en vuestra casa. A la espera de vuestra respuesta, os mando un saludo y un caluroso beso.

Esto fue lo que escribió Mala el 15 de mayo de 1943 en una tarjeta de cartón habana dirigida a «Jules Denis, decor, Markgravelei, Amberes». Con toda probabilidad se trata de una tienda de decoración; el número no aparece, pero, en cualquier caso, hoy sería imposible encontrarlo, ya que Markgravelei es una cuidada calle residencial con suntuosas fachadas de estilo gótico flamenco restauradas, un parque de abundante vegetación y pocas actividades comerciales. Mala recurre a intermediarios, como Jules Denis, que no tiene un apellido judío; su familia y la de Charles viven en la clandestinidad, la información escasea y la distancia es infinita. En todo caso, el terreno común sigue siendo la memoria de los domingos en casa, de los que el sobrino de Charles, Charles júnior, conserva unas pequeñas fotos en blanco y negro, unas ventanas de intimidad perdida en las que aparecen el centro de mesa lleno de manzanas, las naturalezas muertas en las paredes y la araña de cristal soplado.

Los días se van alargando, la nieve se ha derretido casi por completo, el terreno tiene la consistencia de una ciénaga y resulta muy difícil caminar. En Birkenau conectan el agua y la luz. El campo de las mujeres, levantado en un principio con los ladrillos de las casas de los pueblos polacos arrasados, va cobrando forma y creciendo. En este periodo, Mala se aloja en el bloque 4 con Anna Palarczyk, que lo describe como un espacio singular, mejor que los demás, con una zona para las actividades diurnas y otra para pasar la noche, donde hay camas y mantas de verdad y *solo* unas ochenta prisioneras, a diferencia de las novecientas o mil que se apiñan en los barracones reglamentarios. Mala y Anna comparten el espacio con otras recaderas, Ewa Pomeranc, Lea Sziowic, Herta Roth, pero ninguna de ellas permanecerá mucho allí: a principios del verano las jóvenes empleadas de la administración se trasladan a un barracón en el que cada una dispone de un rincón propio, algo parecido a una pequeña habitación improvisada entre dos camas con una mesa en medio que, según dice Herta Roth, «nos proporcionaba la ilusión de gozar de cierta intimidad».

En estas semanas se manifiesta la primera resistencia verdaderamente organizada en el interior del campo. Desde el principio, los grupos clandestinos son polacos, igual que los pioneros del campo llegados en 1940 con Edek. Se trata de pequeñas células —PPS, PPR, ND, ONR, AK—

que actúan de forma autónoma y que, en opinión del historiador Ber Mark, solo empezaron a coordinarse en 1943 para acabar confluyendo en 1944 en el Consejo Militar de Auschwitz. Su trayectoria es accidentada, está minada por las diferencias ideológicas y nacionales. En primavera se forma el Grupo de Combate de Auschwitz, una red transversal que abarca el campo masculino y el femenino y que también incluye núcleos judíos. En contraste con la narrativa que los describe como sumisos frente al Holocausto, los judíos contribuyeron de forma significativa a la resistencia de Auschwitz. Es el caso de Róża Robota, quien en octubre de 1944 consiguió, en colaboración con otras mujeres, pasar de contrabando los explosivos destinados al atentado del *Sonderkommando* en el Crematorio IV de Birkenau, la revuelta que Shlomo Venezia cuenta en sus memorias. La trama se extiende y Mala forma parte de ella.

La empresa es más que desesperada. Las perspectivas de una revuelta masiva son tan remotas como las de recibir armas y refuerzos del exterior, de los aliados. Después de conspirar en la sombra durante dos años y medio, el capitán Pilecki renuncia al proyecto de hacer saltar el campo desde dentro y en la noche que va del 26 al 27 de abril de 1943 escapa llevando consigo documentos redactados por los partisanos.

A Mala también la obsesiona la idea de que el mundo debe saber, porque piensa que si la humanidad supiera intervendría. Es la única brecha de ingenuidad en su racionalidad compacta y lúcida. Según aseguran muchos historiadores, el mundo lo sabe ya. En diciembre de 1942, el Armia Krajowa ha conseguido hacer llegar al Partido Socialista polaco en Londres dos mil quinientos ejemplares de un informe titulado *The Camp of Death,* que en los ocho años sucesivos se publicará en ocho idiomas. Mala parece convencida de que el exterminio se está llevando a cabo en la oscuridad, en el silencio, que nadie sospecha lo que está sucediendo en Auschwitz. Por eso cuando tiene que elegir a quién ayudar prefiere a los más jóvenes. Por eso ofrece su movilidad de un sitio a otro a la resistencia, a pesar de que no es un miembro efectivo de la misma. «Teníamos informadores en casi todos los bloques para salvar vidas humanas y evitar las selecciones. Mala colaboró con nuestro grupo, pero no se puede decir que formara parte de él», recuerda la partisana y médica ciega Margita Svalbova. Mala actúa en coordinación con los altos cargos de la resistencia, mantiene viva la red llevando mensajes de un bloque a otro, facilita los contactos con el campo masculino del sector BII (al que puede acceder), recopila información en los archivos de la administración y no se compromete en primera persona para sabotear el sistema, pero ayuda con comida y medicinas a quienes lo hacen. Es un punto de referencia fundamental para sus compañeras de la unidad judía y comunista Solidarité, como Paulette Grynglas. «La llamábamos *nuestro ángel de la guarda,* todas recurríamos a ella cuando teníamos un problema. A mí, en concreto, me salvó la vida. Me habían asignado al comando que transportaba toneladas de sopa a las personas del *Sonderkommando* que trabajaban en los cuatro crematorios. Al cabo de unos días, estaba a punto de suicidarme, no podía soportar por más tiempo las idas y venidas entre los cadáveres y las fosas comunes. Alguien avisó a Mala, así que ella me aconsejó que dijera que estaba enferma y me mandó a la enfermería. Después de dos días de reposo, consiguió trasladarme a otro grupo. Para mí, Mala siempre será la luz de Birkenau».

Por mucho que se busque, es imposible encontrar una deportada que ensombrezca la figura de Mala. No la envidian, no la juzgan, no sospechan ninguna ambigüedad en ella. Más bien, en sus relatos se percibe cierta distancia. Mala parece no entregarse nunca del todo. Todas la conocen y la respetan, pero sin que exista entre ellas una verdadera confianza. Brinda mucha más ayuda de la que pide. Si bien en la aureola legendaria que la rodea se la asocia erróneamente con la misteriosa mujer judía que disparó al SS Schillinger después de robarle la pistola, Mala trabaja siempre sola, oculta, lejos de las acciones vistosas, su lucha es personal y no se afilia ni a la resistencia judía ni a la comunista ni a ningún grupo en especial. Es un verso suelto. Igual que Edek, aunque este parece más vinculado a la resistencia.

«Mala no fue una doctrinaria, comprendió enseguida que podía ser más útil por sí sola que malgastando sus energías en mantener vivo un grupo», escribe Gérhard Huber. Una posición análoga a la de Michael Pollak en el ensayo *L'expérience concentrationnaire*: «El acto de Mala como prisionera ejemplar y desinteresada que ofrece ayuda tiene todo lo necesario para convertirse en un mito, su martirio es el de una mujer que simboliza todos los ardides de la supervivencia cotidiana».

El verano de 1943 estalla, Mala lleva casi un año en Auschwitz. Todos los crematorios están ya activos. La guerra continúa. La Wehrmacht alemana lanza la tercera ofensiva en el frente oriental, que culmina con la batalla de Kursk —el mayor enfrentamiento de fuerzas acorazadas de la historia—, en la que el Ejército Rojo sale victorioso.

Mala sigue las noticias a través de las conversaciones de sus superiores; según parece, fuera del campo el dominio del Reich encuentra numerosos obstáculos, pero dentro el infierno no ha cambiado. Miles de mujeres entran a diario en las cámaras de gas.

Los judíos se las arreglan para escribir a sus familiares. Las cartas, que deben estar escritas en alemán y pasar la censura, son una oportunidad inestimable. La recadera Herta Roth recuerda la agitación de sus compañeras: «Tratábamos de encontrar la manera de hacer saber a los de fuera que nadie volvía del *lager*. Cada una lo hacía a su manera. Yo escribí: *"Lehitraôt* no está aquí", porque *lehitraôt* significa en hebreo "hasta la vista"». Mala sigue mandando sus SOS en la botella.

El 15 de julio de 1943, a través de la Asociación de Judíos de Bélgica, escribe a la señora Meminet a Bruselas pidiéndole que dé noticias sobre ella a su familia, a los Steppel y a los Schipper. Poco después, el 25 de julio de 1943, sopesa las palabras para explicar a su hermana Jochka lo que estaba sucediendo en Auschwitz:

Querida Jochka:

He recibido la tarjeta postal que me enviaste a través de nuestros amigos, volver a ver tu letra después de tanto tiempo y saber que estáis bien es para mí una gran alegría y me anima. He recibido también una tarjeta de Charlotie. ¿Por qué no me escribe mi querida madre? ¿Cómo están Salamo, Isa y sus adorables hijos? Lo único que me preocupa es que todos estéis bien. Me alegro de que el tío Chiel haya ido a veros, cuando me escribas dime si se quedará con vosotros. Aquí los demás están todos con Etusch. No te preocupes por mí, estoy bien, trabajo como traductora y sigo siendo la Mala de siempre.

A la espera de vuestra respuesta, os mando un abrazo y un beso.

¿Qué lee en estas líneas Jochka, que, entretanto, vive escondida con su marido Isak y con su hermano Salomon en la calle Gasstraat, en Amberes? Es evidente que Mala está al corriente de su clandestinidad, porque usa el apellido falso de su padre, Hartman, y envía la tarjeta al número ciento cincuenta y cinco de Lange Leemstraat, un edificio hoy en día un poco descuidado en el corazón del barrio judío de Amberes, donde los habitantes actuales no saben quiénes fueron sus predecesores hace sesenta años. No imagina que sus padres y sus sobrinos han muerto, porque pregunta por ellos. Nombra a su prometido, Charles Sand, quien cuenta en secreto los días desde que la arrestaron. Le gustaría tranquilizar a su hermana sobre las condiciones en las que se encuentra: respecto a las demás, es una empleada que goza de muchos privilegios, pero que, sin embargo, no ha cambiado, sigue siendo la misma, no se ha vendido, no es una colaboracionista. Pero, por encima de todo, dice que todos, salvo ella, están con Etusch, la cuñada que murió durante un parto antes de la guerra. De esta manera, Mala explica a Jochka que Birkenau es un campo de exterminio.

El mundo anterior a la deportación queda ya muy lejos. Auschwitz y Amberes están a mucha más distancia que los kilómetros que en realidad las separan. Pasa otro mes y el 25 de agosto Mala vuelve a empuñar la pluma.

Querida hermana:

Han pasado cuatro semanas y aún tengo la suerte de poder escribirte. Me llegaron vuestras tarjetas de mayo y junio. El día que recibo algo vuestro es una fiesta para mí. Me alegra saber que estáis todos bien y sanos. ¿Por qué no me cuentas nada de nuestros queridos padres ni de los niños? Yo sigo con las mismas compañeras, que son encantadoras. Hella, Regina y todos los demás están con Etusch. No padezcas por mí, trabajo como traductora y en el tiempo libre pienso siempre en vosotros. Como ves, sigo siendo la Mala de siempre. He tenido también noticias de Charles, de Isa y de Salo. ¿Charles va a veros? ¿Ha venido el tío Chiel? ¿Por qué no se queda con vosotros? Por hoy es suficiente, cuidaos mucho.

Os mando, como siempre, un montón de abrazos y besos.

P.D. Saludos de Giza.

Sobre el mundo de Mala se adensan nubes negras. Hella y Regina son las hijas de Aron y Mirla Zehnguts, la familia originaria de Brzesko que, cuando Mala estaba en Amberes, vivía en el segundo piso de la casa de Marinisstraat, encima de los Kranzlers y debajo de los Zimetbaum. Hella y Regina, dos muchachas varios años más jóvenes que Mala, están ahora con Etusch. Quizá por eso vuelve a mencionar al tío Chiel: deben permanecer juntos en Amberes y esconderse. Mala confirma una y otra vez el peligro que se cierne sobre ellos e insiste aludiendo de nuevo a la cuñada muerta en la tarjeta que envía en esas mismas horas a su hermano.

Querido Salmir:

Me alegro de poder escribirte otra vez y de saber que estáis sanos y juntos. Yo trabajo y estoy bien. Giza os saluda, yo me ocupo de ella. Los demás están todos con Etusch.

Un beso.

Giza Weisblum es la sobrina de su cuñado Isak, que llega a Auschwitz el 2 de agosto con un convoy cargado de partisanas belgas. Mala la encuentra entre los barracones y es posible que, después de haber hablado con ella, sienta la necesidad de alertar una vez más a su familia. Deben evitar como sea que los atrapen, porque nadie sale de Auschwitz: los que entran se reúnen casi de inmediato con Etusch.

Giza es una persona próxima a Mala. La única pariente con la que compartirá la experiencia del campo durante casi un año. A su llegada, Giza sabe encontrar a su prima porque en los meses anteriores ha leído sus mensajes con el resto de la familia. Pero solo cuando la afeitan, le tatúan el número en el brazo y la separan de sus compañeras destinadas a la cámara de gas comprende el verdadero alcance de las palabras de Mala sobre la cuñada Etusch. Al poco de llegar a Birkenau encuentra a Mala bien vestida y sin el pañuelo en la cabeza; es una mensajera respetada. Giza se encuentra destrozada, teme que su prima no la reconozca. «La encontré. Mejor dicho, ella me encontró. Corría a recibir los convoyes que llegaban de Bélgica. Como era recadera, podía moverse con total libertad de un lugar a otro, algo que los demás prisioneros tenían totalmente prohibido. Se valía de ese privilegio para poner en contacto a los miembros de una misma familia y a veces arriesgaba incluso la vida para llevar mensajes o medicinas. Con el mismo valor ayudaba al movimiento clandestino, que por aquel entonces daba sus primeros pasos en el campo».

Mala acribilla a preguntas a su prima, quiere saber cómo está Jochka, si hay noticias de Charles, le promete que no volverán a separarse. Siente que ha recuperado una pequeña parte de su vida de Amberes. Giza también es miembro de la resistencia clandestina belga y, a pesar de que siempre ha negado la pertenencia de su prima a la red interna, desde que llega al campo Mala intensifica sus relaciones con las células rebeldes. Es ella la que asigna a Giza y a sus compañeras a la sección de calzado, un puesto ambicionado, con calefacción, donde hay que clasificar los zapatos en función de los materiales: cuero, madera, caucho. Según el historiador Ber Mark, esta colocación aseguró a las deportadas del 2 de agosto de 1943 un techo, pero, por encima de todo, la posibilidad de administrar la distribución de zapatos, clave para la supervivencia.

«El hecho de estar organizadas en un colectivo y ayudarnos unas a otras nos animaba, porque nos hacía sentirnos menos solas bajo la presión de unas condiciones de vida bestiales, pero también porque nos permitía conservar la salud, a pesar de que la comida era miserable, y consolar a las más desmoralizadas», recuerda Sarah Gutfreint. Vio muchas mujeres deprimidas, incluso desde el mismo momento del registro. «Las comunicaciones eran muy importantes para nosotras, que no sabíamos nada. Mala nos ayudó desde que entramos en la sauna. Debíamos dejar nuestras cosas en el suelo para que las desinfectaran, solo que no sabíamos que luego íbamos a tener que buscarlas en un montón húmedo y sucio dándonos la mayor prisa posible para llegar al recuento. Solo comprendimos la ayuda que nos había prestado Mala, que había apartado nuestras cosas, cuando vimos que algunas renunciaban y corrían a ponerse en fila desnudas».

Mala y Giza ahora están juntas. Para Mala, que aún no ha trabado amistad con Edek, es un alivio, un hombre sobre el que llorar sin temor a perder la aureola de seguridad que da tanta fuerza a las demás. Porque las prisioneras la ven como una fuente de ayuda, pero también como un motivo de esperanza.

Una vez libre, la partisana judía polaca Henya Frydman, apodada *Janine*, dedicará varias poesías a sus compañeras del campo, incluida una titulada *Una esperanza llamada Mala*, que termina así: *Comme l'est pour les croyants le nom d'une sainte, Ton nom l'est pour nous* [...]. *Dors tranquille, Mala! Nos pensées souvent s'élèvent vers toi. Nous n'avons pas de tombes pour y déposer des fleurs blanches. Mais nous avons: la revanche.*

Los días parecen infinitos, para los habitantes de Auschwitz que anochezca tarde es tan penoso como el gélido invierno. Más luz significa más trabajo, más fatiga, más caídos en el recuento matutino y el vespertino. La orquesta femenina del campo, que Maria Mandel ha organizado para acompañar la rutina mortal de las prisioneras, toca casi en el cruce entre la salida del campo femenino y las vías, obedeciendo a la batuta de la directora Alma Rosé, la inspirada sobrina de Gustav Mahler, que fue deportada en julio desde Francia. Las intérpretes rozan los instrumentos con sus delgados dedos y la mirada vacía. Mala está preocupada. La proximidad de Giza le alegra, pero su llegada le ha hecho comprender que los demás también pueden aparecer en cualquier momento. Incluidos los más frágiles de la familia, que en realidad ya han llegado.

«Mala no era como las demás, que se burlaban de nosotras mientras nos desnudábamos, desesperadas, a la vez que nos señalaban los hornos donde quemaban a las prisioneras», cuenta Paulette Sarcey, miembro del grupo de resistencia comunista Main-d'oeuvre Inmigrée deportada el verano de 1943. Mala no grita, siente el mismo miedo que las prisioneras que tiene delante. «Nos hablaba con delicadeza y amabilidad, nos decía que fuéramos valientes, nos sonreía, "Vamos, chicas". Acudía siempre a la llegada de los trenes pensando que podía ver a alguien de su familia».

Una vez registrada e introducida en el campo, Paulette se pone en contacto con los grupos de la resistencia y refuerza la relación que la une a Mala. «Se ocupaba de nosotras y de ellas, hacía cosas extraordinarias. Por ejemplo, el *Aussenkommando* trabajaba fuera; si el grupo que salía se componía de trescientas mujeres, por la noche debía volver el mismo número, de forma que cuando una moría las demás debían recoger el cuerpo. Nadie quería transportar los cadáveres, porque eso significaba andar más lento y recibir patadas e insultos de los soldados. Cuando Mala comprendía que una compañera no resistía más en el *Aussenkommando,* la llevaba a la enfermería y de ahí a otro *kommando.* Lo hizo a menudo, con prisioneras de todas las nacionalidades, pero sobre todo con las más jóvenes. Era guapa, esbelta, llevaba el pelo suelto e iba adonde quería. Nunca pegaba a nadie, jamás aceptó ser una *kapo.* Era el símbolo de la solidaridad. Sabía saludar mandando un beso, levantaba la moral, contaba la información que había oído en la radio y la interpretaba con la inteligencia que la caracterizaba. Era magnífica».

Mala vive en el recuerdo de sus compañeras. Lea Sziowic la define como *una dirección* a la que acudir en cualquier momento. En opinión de Jenny Spritzer, tuvo la capacidad de «seguir siendo humana en el *lager*». La joven de diecinueve años, judía y francesa, Freda Silberberg, que se cruza con ella mientras busca en vano el barracón de su madre, quien en realidad ha muerto ya en la cámara de gas, dice que *facilitaba las cosas*. Raya Kagan, nacida en Ucrania en 1910, que fue deportada desde Drancy el 22 de junio de 1942 y que sobrevivió después a la marcha de la muerte, habló de ella en Jerusalén cuando prestó declaración como testigo en el proceso contra Eichmann, en 1961. «Conocí a Mala cuando la habían nombrado *Lauferin*. Era correcta, en el campo era muy popular, porque ayudaba a todos. Jamás abusó de las oportunidades ni del poder que de hecho tenía, como solían hacer los *kapos*. Mala disfrutaba de las mejores condiciones, pero sufrió como cualquiera». La veneración que sienten por ella las prisioneras contrasta un poco con el olvido que sufrirá su memoria al acabar la guerra, que se ha prolongado hasta nuestros días. En el presente absoluto del campo, ella, que arriesga la vida para cambiar los números en las listas de los vivos y de los muertos, que hace trampas en la selección, demuestra que hubo un antes del *lager* y que quizá para algunos habrá un después.

«Me gustaría que la historia de Mala fuese famosa. No es mi historia, pero está relacionada con la mía y con la de muchas más mujeres. Ella hacía un sinfín de cosas buenas por nosotras, todos la querían, incluso las SS la respetaban», dice Tzipora Silberstein. Existe, sin lugar a dudas, un componente imaginativo en la memoria de los que, para superar el *lager*, tuvieron que seleccionar con sumo cuidado sus recuerdos, pero, si prescindimos del énfasis, comprobamos que en cualquier caso los gestos de Mala son concretos, reales: transmitir a Sejna Antmanil el saludo de su marido, que está recluido en el campo masculino; entregar a una madre la nota de un hijo al que creía muerto; dar una manzana a quien le cuesta recuperar las fuerzas, un fruto precioso que a Helena Dunicz-Niwińska le regaló el sabor de la vida, según contó más tarde. Halina Birenbaum repite sin cansarse que Mala hace la revolución como puede, realizando pequeñas acciones que «no cambian el curso de la historia, pero sí la vida de las personas».

Halina Birenbaum es una mujer extraordinaria. Una mujer que sobrevivió al exterminio de toda su familia —salvo su hermano—, al campo y a la marcha de la muerte. Hoy Halina, a pesar de la polémica que han suscitado, defiende la idea de instalar nebulizadores a la entrada del museo de Auschwitz para que los visitantes se refresquen en agosto, porque «los visitantes no son prisioneros, vienen a rendir homenaje a nuestro dolor y es encomiable pensar en su bienestar. Debemos mantener viva la memoria del sufrimiento, no el sufrimiento físico. En caso contrario, deberíamos eliminar los baños, cerrar la cafetería, prohibirles que lleven ropa de abrigo en invierno».

Halina fue deportada desde Varsovia a los catorce años, el 1 de septiembre de 1943. Su madre temía que la mataran e intentaba que pareciera mayor pellizcándole las mejillas hundidas; en cambio, fue ella misma la que murió poco después. A ojos de una muchachita que ha dejado tras de sí dos años de clandestinidad en el gueto, Mala parece una divinidad. «La veía a menudo. Iba bien vestida, tenía un buen trabajo, era muy amable, todos la querían. Los alemanes la trataban bien, la necesitaban. Por lo general, venía al recuento. Nosotras nos poníamos allí de pie a las cuatro de la mañana. Hacía un frío terrible y ella pasaba entre las filas para contarnos. Luego la veía otra vez por la noche, al volver del trabajo. Mala tenía la posibilidad de ayudarnos y lo hacía. Nos preguntaba quién quería escribir una carta y luego nos explicaba qué palabras debíamos usar para evitar la censura. Cuando podía, nos traía ropa limpia. Un día dijo mi número y yo me sentí aterrorizada: no nos llamaban sin motivo. En cambio, lo único que quería era darme una carta con una foto de mis sobrinos de seis meses y un año y medio. Lloré tanto que la guardia pensó que eran mis hijos. Me habría gustado quedarme con la foto, pero no estaba permitido, así que Mala hizo un aparte conmigo y me dijo que no me preocupara, que me la traería otra vez. Creí que hablaba por hablar, pero, al contrario, la volvió a traer».

Por lo visto, Mala dedica sus días a resolver los pequeños grandes problemas de las prisioneras que son menos afortunadas que ella. En realidad no puede hacer mucho más para contener la ferocidad de supervisoras como su jefa, Margot Drechsel, que selecciona a las prisioneras en el interior de los barracones vestida con un impermeable y unos guantes blancos.

«Cuando nos veíamos hablábamos de todo un poco», recuerda Maryla Michałowska, deportada desde Polonia el 2 de agosto de 1943. Mala es consciente de que su posición es precaria, lo que hace evidencia de alguna manera todo lo que no puede impedir. Si existe un lado oscuro en esta historia, es el que menciona una agraciada señora belga mientras visita el museo Kazerne Dossin una lluviosa tarde de octubre: «Por cada judío que salvabas en Auschwitz condenabas a otro. Mis padres tuvieron el tiempo justo para esconderme en casa de mis abuelos antes de que los deportaran. Y no volvieron».

Septiembre queda atrás. Una Polonia enlutada saluda el cuarto aniversario de la invasión alemana con la que se inició la guerra. Mala dedica cada vez más energías a la enfermería. «Hacía todo lo posible, pero no podía ayudar a doscientas mil personas», explica Rebecca Liwschtiz. Antes de que la arrestaran en Amberes, Rebecca colaboraba con el movimiento cultural pacifista Wending, cuyos espectáculos sobre la Guerra Civil española conocían Mala y Charles. Un pasado más que remoto. «Conocí a Mala cuando llegué al campo, siempre iba a saludar a las prisioneras belgas. Después me asignaron un trabajo espantoso, debía sumergirme en los canales para limpiarlos, una tarea absurda cuyo único objetivo era agotarnos. De hecho, caí enferma. Después de la convalecencia, Mala logró enviarme a la tejeduría, una sección que trabajaba a cubierto con calefacción. No obstante, antes debía curarme. Así pues, cuando salí de la enfermería Mala me mandó al Canadá, cerca de los crematorios, donde día y noche se clasificaba la ropa de los deportados; pero, como ella conocía al jefe, este me dejaba estar dentro y a los alemanes que venían de día les decía que yo trabajaba de noche y a los que venían de noche al contrario. Mala me traía pan y miel. Sin embargo, por encima de todo, lo que me mantuvo con vida fue su confianza en que la paz era inminente». Es necesario resistir a Auschwitz, no ceder, seguir viviendo como sea hasta que termine la guerra para que el mundo sepa. Por eso, insiste Paulette Sarcey, Mala ayuda a todos, pero cuando puede prioriza a los jóvenes, ya que tienen más posibilidades de sobrevivir.

Horas, días, meses. Un ir y venir entre los barracones, a lo largo de la Lagerstrasse, que atraviesa las vías; un espacio inmenso donde antes del campo se erigían ocho pueblos, ciento setenta y cinco hectáreas que se hacen interminables cuando uno las recorre hoy en día con un buen calzado y un grueso chaquetón invernal. Mala ha aprendido a conocer cada rincón, cada bloque, los turnos de guardia, el carácter feroz de algunos centinelas y la condescendencia de otros. Solo los prisioneros son todos iguales y siempre diferentes. Un día entra por casualidad en el barracón donde está ensayando la orquesta. La joven de quince años Helene Scheps, a la que el 3 de agosto de 1943 marcaron con el número cincuenta y un mil ochocientos cuarenta y ocho, sabe quién es, pero ahora la ve por primera vez. «Mala casi nunca venía adonde tocábamos. Ese día llamé su atención, notó el estado lamentable de mis pies y me dio unos zapatos».

La alusión a los zapatos es constante. Mala, que, pasadas las primeras semanas, calzaba unos aceptables, debió de procurar miles. La montaña de zapatos desparejados que se conserva en el museo de Auschwitz es una de las etapas de la visita al *lager* donde más se detienen los estudiantes. Es una imagen inmediata que permite comprender el alcance del exterminio, un mecanismo de tortura sistemática frente al cual quizá era preferible una muerte inmediata.

«Léa Lucka, una partisana de Amberes, había enfermado trabajando en la ciénaga y, consciente de que su mal no tenía remedio, se desesperaba porque no quería ir a la cámara de gas, así que Mala y una doctora rusa la ayudaron a morir», recuerda Sarah Goldberg, que fue deportada el 2 de agosto de 1943, igual que Giza. Muchas se derrumban, se arrojan contra el alambre electrificado o se abandonan sin oponer resistencia al progresivo debilitamiento. Sarah también sintió esa tentación. «Estaba ingresada con otras trescientas cincuenta mujeres, todas tan maltrechas como yo; nos daba igual vivir o morir. Entró una enfermera y me preguntó si era Sarah de Bruselas. Quería que saliera para que me visitaran y, como yo me mostraba reacia, dijo que debía moverme, que Mala me ayudaría. Fui a ver a un médico con otras seis compañeras y cuando volvimos a la enfermería vimos que estaba desierta, se habían llevado a todas a la cámara de gas en el camión. Mala nos había salvado de la selección, salvó a muchas de nosotras de esa forma, salvó también a Janine Frydman y a Helene Gancarska».

Helene Gancarska lo contó mientras pudo, hasta que murió en Bruselas en 2003. «Mala se ocupó de nosotras desde que entramos en cuarentena. Al principio nos dio ropa menos ridícula. Yo, por ejemplo, llevaba un vestido de noche de una señora que debía de pesar tres veces más que yo y ser dos veces más alta. Lo rompimos y lo utilizábamos cada vez que íbamos al retrete, porque, como no había papel higiénico, usábamos la tela que sobraba. Nos mandó a clasificar zapatos y después al almacén Canadá. Este era un comando realmente bueno, donde a veces encontrabas cosas que luego podías cambiar por pan. Ese invierno, el invierno de la gran selección, enfermé de tifus. Compartía la litera con Janine Frydman, sabíamos que estábamos destinadas al gas y preferíamos que nos fusilaran. Un día, Mala vino a decirnos que hacía falta un médico entre las SS y que ella había dicho que éramos estudiantes de Medicina. Nos preparó, nos puso unos pañuelos en la cabeza y nos dejó apoyadas en una mesa para que pudiéramos aguantar de pie. Cuando llegó el SS aseguramos que habíamos cursado el primer año de Medicina en París y en Bruselas. Era absurdo, porque éramos demasiado jóvenes para haber estudiado un año en la universidad, pero él no dijo nada. Después, Mala se enteró de que no nos iban a llevar a la cámara de gas. Nos salvó de la selección y luego, de cuando en cuando, nos traía pan y margarina. Las raciones no eran gran cosa, pero un pedazo de pan era un pedazo de vida».

El 4 de octubre de 1943 el nombre de Mala Zimetbaum aparece en una lista de prisioneros que van a ser explorados por rayos X. Su código de visita, el mil seiscientos quince, va acompañado de una nota en la que se hace referencia a un dolor indefinido en el corazón. El psicolingüista alemán Lorenz Sichelschmidt —autor de una preciosa biografía titulada *Mala*— cita el testimonio de Greta Glas, una prisionera que fue examinada poco antes que ella, en el que esta sugiere cómo el largo trayecto en el vagón sanitario podía ser una ocasión para entrar en contacto con otros prisioneros.

¿Se siente mal? ¿Tiene síntomas alarmantes? ¿Busca a alguien? La carta que escribe a Jochka el 25 de octubre —a la dirección de siempre— revela una gran pesadumbre.

Querida hermana:

He esperado con impaciencia tus noticias, en vano. ¿Por qué no me escribes? Sabes que unas pocas líneas son suficientes para animarme. Giza me ha dicho que todos estáis bien. En la última carta, la que me enviaste en junio, pareces dudar de que yo tenga un buen trabajo y los demás estén con Etusch. Respóndeme, por favor. ¿Dónde están nuestros queridos padres? ¿Por qué no escriben? ¿Qué hace el niño?

Mala siempre es la misma, repite Giza una y otra vez. Pero también el campo lo es. ¿Y si sus padres, sus hermanos, sus sobrinos, la familia que ha intentado proteger a toda costa ya no existiera? Los convoyes procedentes de Bélgica son numerosos, pero cada vez ve menos prisioneros belgas en el campo. Al final de la guerra solo sobrevivirá uno de cada veinte.

Octubre se tiñe de rojo, de naranja, de amarillo oro. Las hojas caen como una lluvia torrencial, el otoño anuncia un nuevo ciclo de muerte. Edek cumple veinte años y empieza a pensar en la fuga. La noche del 22, bajo un cielo sin estrellas, dieciocho carros de animales que han partido desde Roma, ciudad abierta, hace cuatro días entran en Birkenau. Es el primer convoy procedente de Italia, que el 25 de julio ha visto caer a Mussolini y el 8 de septiembre se ha rendido sin condiciones a los aliados. Los alemanes se apresuran a exterminar a los judíos de la Ciudad Eterna como represalia; de los mil veintidós que llegan a Auschwitz el 23 de octubre, apenas ciento noventa y seis pasan la selección. Tras finalizar la guerra solo regresarán a casa dieciséis.

En este periodo, Mala está deprimida. Durante unos cuantos días, ya no son esos nubarrones que alejaba sintiéndose útil. Sus compañeras notan su mirada ensombrecida, aunque, a pesar de todo, pretende seguir siendo tranquilizadora. Hace lo de siempre, intercepta a los que necesitan algo que ella pueda procurarles y se pone manos a la obra. Es el caso de la pintora Zofia Stępień-Bator, miembro del grupo *scout* Szare Szeregi, que ya había sido torturada por la Gestapo después de su arresto, el 16 de octubre de 1942, y que, abatida por el tifus y la pena que siente por su hija, de la que no sabe nada, solo quiere morir. Mala va a verla a la enfermería y le lleva una fotografía de la joven, le dice que está bien y encuentra la manera de dejarle la imagen que le devuelve la sonrisa y la vida. Hace lo de siempre, pero el dolor y la frustración la consumen.

En su estudio de Amberes, Léon Schummer, que en la actualidad tiene setenta y nueve años, habla durante horas de la joven risueña que, antes de ser arrestada, le explicaba cómo mezclar las acuarelas sin mostrar el hambre, el miedo a los nazis ni la preocupación que sentía por su padre ciego y por el resto de su familia. A través de unos amigos, que sobrevivieron y regresaron a Bélgica, sabe que no se desalentó ni siquiera en Auschwitz, que salvó a mucha gente recurriendo a las estratagemas más increíbles durante las selecciones, que nadie en el campo la consideró en ningún momento una colaboradora de los alemanes. Pero sabe también que el último invierno supuso para ella una dura prueba. «Escuché durante un año las hazañas de Mala, que Sally Lesser contaba una y otra vez. Cuando Sally regresó a Amberes supo que se había quedado sola y después de pasar seis meses en el hospital aún pesaba veintiséis kilos. No le quedaba nadie y vivió un año en nuestra casa. Siempre hablaba de Mala. Cuando la deportaron, Sally tenía dieciocho años, pero demostraba doce; no se habría salvado si Mala no la hubiera enviado a los trabajos menos pesados, si no le hubiera llevado manzanas ni le hubiera procurado las medicinas necesarias para curarse el tifus. No obstante, Sally repetía que en las últimas semanas de 1943 había sucedido algo grave. Según ella, Mala se derrumbó psicológicamente, porque un día, mientras estaba en otra zona del campo, las SS llevaron a la cámara de gas a todas las personas que estaban ingresadas en la enfermería, a sus protegidas. El humor de Mala cambió, se mostraba más sombría, estaba deprimida. A partir de entonces repetía sin cesar que quería escapar para contar al mundo lo que estaba sucediendo en Auschwitz».

Queda Giza, por descontado. Queda la esperanza, cada vez más débil, de que el resto de la familia pueda salvarse. Queda la red de la resistencia interna, que en ese momento, según dice la partisana francesa Ania Francos, cuenta con una red de colaboradores en la administración del campo, gente como Mala, capaz de ayudar a los que lo necesitan. Queda algo de humanidad, aplastado por la nada. Entonces aparece Edek. Al igual que Mala, él también puede moverse con facilidad por Auschwitz, porque es un *veterano,* forma parte de la estructura logística que se remonta a los inicios del campo. Es probable que se conozcan desde hace cierto tiempo, pero solo en ese momento, en noviembre de 1943, los prisioneros empiezan a asociar sus nombres.

«Supe que mi cuñado estaba allí gracias al amigo de Mala, Edek Galiński. Podíamos enviarnos mensajes a través de él y una vez le mandé unos guantes para que no se le congelaran las manos mientras trabajaba», recuerda Sarah Goldberg. Se comunican sin necesidad de palabras, basta una mirada cuando se cruzan entre un barracón y otro y después, lo antes posible, una cita robada.

Edek ha visto nacer la resistencia dentro del campo y colaboraba con la de fuera antes de que este empezara a funcionar. No obstante, él también parece actuar en solitario, al igual que Mala. Ania Francos atribuye a su amistad un papel político relevante. «Mala tiene poder, es una mujer excelente que ha salvado muchas vidas. Está en contacto con la resistencia del comité clandestino internacional a través de Edek Galiński, está enamorada de él».

A finales de 1943, el sistema de Auschwitz está casi al pleno de sus potencialidades. Los alemanes hacen grandes proyectos, piensan en ampliarlo al máximo para que pueda acoger, al menos, doscientos mil prisioneros. Aún les queda bastante para alcanzar este objetivo, pero, por mucho que los más temerarios pongan palitos en las ruedas de la máquina, esta funciona. Un día Mala grita a la prisionera judía belga Dora Rabinowicz y a su cuñada: «¡Lavaos! Estáis de maravilla, ¡volved enseguida al trabajo!». Ellas la maldicen de forma instintiva, porque se niegan a volver a ordenar zapatos después de haber conseguido que las ingresen en la enfermería. Tienen el tifus y fiebre, lo único que quieren es descansar. Esa noche, sin embargo, comprenden. Fingiendo que las insultaba, Mala las ha mantenido alejadas de los barracones, porque a todas luces sabía que ese día los alemanes iban a seleccionar a las enfermas destinadas a la cámara de gas. Es el 12 de diciembre de 1943, el número de las prisioneras ingresadas se reduce de nueve mil trescientas veinticuatro a siete mil cuatrocientas dieciocho; en pocas horas matan a dos mil.

5

El encuentro

Hace un año que Mala y Edek viven en mundos paralelos: ella entre los bloques de Birkenau, él en el campo base con los prisioneros políticos y los veteranos, unos infiernos especulares separados por el puente suspendido sobre las vías y por el desmonte de tres kilómetros que a veces recorren a pie o en bicicleta. Ahora que Edek ha conseguido que lo trasladen al BIIf, en Auschwitz II, se ven a menudo. Los dos pueden moverse con facilidad de los sectores BIa y BIb, donde ya solo quedan mujeres, a los del lado derecho, BII, donde se encuentran los hombres, los judíos de Theresienstadt y los húngaros, los gitanos, el almacén llamado Canadá, la enfermería y los dos barracones reservados a los experimentos de Mengele.

Edek, que acaba de celebrar el cuarto año de prisión, piensa desde hace meses en la posibilidad de escapar. Según su amigo Kielar, el confidente y cómplice con el que Edek pasa la mayor parte del tiempo cuando no trabaja, logra involucrar al jefe de su comando, Edward Lubusch, un SS originario de Bielsko que cuando está de buen humor se entretiene de buena gana con los prisioneros polacos. Según parece, fue el propio Lubusch el que, durante una de las conversaciones casi amistosas entre veteranos y vigilantes, sugirió a Edek que hiciera lo posible para que lo trasladaran a Birkenau, ya que era *más fácil* escapar de allí que de Auschwitz I.

Mala trabaja como siempre. Se las arregla para facilitar la comunicación entre los grupos de la resistencia, ayuda a las prisioneras en dificultades, trata de acortar un poco las listas infinitas de las selecciones, que son cada vez más frecuentes. Obedece las órdenes de sus superiores, pero no se doblega. Es una joven muy orgullosa, según recuerda Alicia Jacubovic Roth, la número mil doscientos ochenta y siete, una judía eslovaca que fue deportada en marzo de 1942. «Trabajaba como recadera y estaba a menudo en la entrada. A veces, cuando las SS pasaban en coche yo les abría la puerta y entonces Mala se enfadaba, me decía que no debía ayudarlos, que no debía hacer nada».

El campo no ha hecho mella en el ánimo optimista de Mala. Está así desde hace más de un año. Ahora, sin embargo, hay algo más. A la fuerte depresión del otoño sigue una especie de renacimiento. Sus compañeras lo notan, la impresión es unánime: ha cambiado desde que conoce a Edek, su sonrisa es más dulce, sus ojos emanan un nuevo calor. Se lo confiesa un día a Anna Palarczyk: «Estoy enamorada, estoy muy enamorada. No puedo ser más feliz». Después repite a otras que se siente afortunada: «Quiero y soy querida».

La idea del amor es antitética a Auschwitz. Es cierto que hubo historias *prohibidas,* como la del SS Franz Wunsch, que se enamoró de la prisionera judía eslovaca Helena Citrónová y consiguió salvarla, y también a su hermana Rozinka. También hubo historias desesperadas, como la de la polaca Millie Werber, que sobrevivió al *lager* albergando en su corazón el recuerdo de su esposo, Heniek Greenspan, un policía judío del gueto de Radom que había sido fusilado poco después de la boda. Pero, por lo general, fueron excepciones. Las víctimas que experimentaron emociones, sentimientos que fueron más allá del instinto de supervivencia, que tuvieron momentos de abstracción comparables con la serenidad perdida o que se echaron a reír de improviso con sus compañeros sellaron después esos recuerdos de manera hermética, porque se sentían culpables, por pudor, por miedo a que estos redujeran la inmensidad del exterminio.

Mala y Edek son dos deportados especiales, son unos privilegiados, es posible que, incluso, celebren juntos el vigesimosexto cumpleaños de Mala. Pese a ello, conservan una concepción comunitaria de la vida, el compromiso político entendido como rechazo a apartar la mirada de la historia. Se conocen, se gustan, se enamoran. En la vorágine en la que forcejean para sobrevivir, los demás prisioneros los ven, quizá los envidian, pero no les reprochan que aún sean capaces de reaccionar a estímulos diferentes del miedo. Al contrario, los protegen.

«Mala esperaba a Edek en el laboratorio de radiología, el lugar donde solían verse», cuenta Kielar en 1973 en la película de Jacek Bławut *Tödliche Romanze*. El laboratorio de radiología es el bloque 30, el famoso barracón del BIIb donde experimentaba Horst Schumann, el primer médico alemán con el carnet del partido nazi, conocido por sus pruebas de esterilización con rayos X. Kielar no habla de ello en su biografía. «Edek estaba enamorado. Puede que a algunos les parezca imposible que sucediera allí, entre chimeneas humeantes; otros pensarán que es repugnante. Pero la vida es la vida y ellos se deseaban. No lo escribí, pero ahora hace ya mucho tiempo». También Anna Tytoniak, la número seis mil ochocientos sesenta y seis, recuerda esos encuentros: «Había un barracón pequeño, en el centro estaba la máquina de rayos X y a la izquierda la consulta del dentista, es decir, donde arrancaban los dientes a los prisioneros. Mala se reunía muchas veces con Edek en el bloque 30, el más alejado de la carretera y el que menos veían los guardias». Los historiadores no se ponen de acuerdo sobre cuál era, efectivamente, el barracón de la enfermería. Muchos creen que era el de madera del campo femenino y no el del BIIb, ya que este quedaba demasiado lejos. Sea como sea, Mala y Edek conseguían tener momentos de intimidad.

El *lager* no permite ninguna forma de romanticismo. Enamorada, Mala recurre a Zofia Stępień-Bator, la pintora a la que ayudó hace unas semanas en la enfermería y que, desde entonces, pinta escenas de la vida cotidiana para hacer frente a la desesperación que causan los trabajos ordenados por las SS, tarjetas de felicitación o adornos para los barracones con el fin de disimular la realidad del campo. Mala le pide que le haga un retrato para regalárselo a Edek, el mismo que este entregará pocos meses después a Kielar para que se lo guarde.

«Cuando vino a pedirme el retrato, era la segunda vez que la veía. Debía ser un regalo para su amor», recuerda Zofia. La cita es en la habitación de Mala. «Fui a verla, tenía un cuarto para ella sola donde reinaba la calma. En él viví mis momentos más felices, no había más prisioneros. Yo era rápida. Mala quería pagarme, así que consiguió que me trasladaran al *Stickerei*, la sección de zapatos. Fue una suerte para mí». Por lo visto, Mala le procura también pan y margarina, todo un lujo. Y Zofia, casi extática, traza en la cara elegante y melancólica que tiene delante los sueños, las expectativas, los miedos de una mujer y de todas las mujeres del campo. «A pesar de que era guapa, iba bien vestida y tenía acceso a cosas que a nosotras nos estaban vetadas, no la envidiábamos. Al contrario, nos sugería la idea de que había algo posible, que no era el final de todo. Siempre tenía noticias importantes: los alemanes estaban perdiendo, una derrota vete a saber dónde. Nosotras nos consolábamos. La adorábamos, era guapa y seria, nunca se mostraba coqueta».

Edek manifiesta su sentimiento, pero también inquietud, se debate entre Mala y la fuga. Discute a diario con Kielar sobre la manera de escapar, se mueve para conseguir que lo trasladen a Birkenau; el sueño cultivado delante de un vaso se ha convertido en un proyecto en toda regla. El jefe del comando de fontaneros con el que trabaja en Birkenau es un polaco con el que se puede hablar, Jozek, al que todos llaman *Jub*. Además está el afable Edward Lubusch. El plan empieza a cobrar forma, la idea es robar dos uniformes de las SS, salir del campo vestidos de esa forma, dirigirse a Budy y a continuación a Kozy, donde vive el alicatador Antoni Szymlak, uno de los pocos civiles que trabajan en el campo desde el principio; este goza de la confianza de los alemanes y ya ha ayudado a los partisanos en el pasado. Los dos amigos lo conocen desde hace tiempo, desde que construyó el cuarto de baño de la enfermería de Auschwitz. El objetivo es cruzar las montañas de Bielsko, refugiarse en Zakopane, en casa de la hermana de Kielar, y desde allí reunirse con los partisanos en Jarosław, confiando en que en verano los soviéticos hayan liberado ya la ciudad y que, una vez expulsados los nazis, las familias ya no teman represalias. El plan está hecho. Se requieren agentes internos, encubridores, cómplices.

¿Conoce Mala los propósitos de Edek? Si es así, no lo manifiesta. Louise Alcan es deportada desde Drancy el 3 de febrero de 1944 y cuando llega a Birkenau se encuentra con la omnipresente mensajera que ha ayudado ya a sus predecesoras. «Sin ella muchas no estaríamos vivas. A mí me salvó la vida en dos ocasiones. La primera liberándome del trabajo extenuante en las ciénagas, donde había que sacar las piedras para construir las carreteras, y la otra cambiándome el destino cuando salí de la enfermería y asignándome a la sección donde se fabricaban las esteras, una tarea que realizábamos en el interior de los barracones disfrutando del calor y sentados, una maravilla».

A buen seguro, la conciencia de querer y ser querida de la que habla a sus amigas es un lenitivo para la miseria circunstante, el aburrimiento, la resignación, la triste actividad de los que trabajan en la rampa. Se multiplican las maletas, los peines, el betún de zapatos, las gafas apiladas un par encima de otro. El 22 de febrero llega un convoy procedente de Fossoli con una carga de seiscientos cincuenta judíos italianos, entre los que se encuentra Primo Levi.

El invierno, como siempre, se eterniza, llueve en la nieve fangosa, poco a poco se van eliminando todos los guetos de Polonia, el aire es irrespirable. El almacén Canadá está lleno a rebosar, la abundancia de ropa y objetos es la sombra siniestra proyectada por el humo de las chimeneas. Por mucho que Kielar y Edek se hayan lanzado a un futuro hipotético de libertad, fantaseen sobre él y traten de engatusar a los miembros más sobornables de las SS, en ciertas ocasiones sus esperanzas vacilan. Circula el rumor de que los aliados conocen las condiciones del campo y que a pesar de ello no intervienen. Se insinúa el miedo a que cuando hayan terminado con todos los judíos les tocará a ellos. «Mirábamos los hombres del *Sonderkommando*. Edek, al igual que yo, estaba convencido de que Dios no existía, al menos no allí dentro».

A la vez que la guerra parece ir empeorando para los alemanes, el ímpetu asesino de Birkenau se recrudece. Los que han visto cómo el campo nacía, crecía y engullía a cientos de miles de personas y aún siguen vivos se mueven por inercia; antes pensaban que el infierno nunca iba a terminar, ahora temen que acabe demasiado tarde para la resistencia humana. Edek se revuelve, es posible que su relación con Mala aumente su impaciencia. Está en contacto con la resistencia interna, que ha facilitado ya varias evasiones. Maryla Michałowska lo recuerda entre los que tramaban en la sombra para rebelarse contra los alemanes. «En Birkenau había una mujer que trabajaba conmigo y se llamaba Maria. No tenía la cabeza afeitada, porque era una prisionera política. Me contó que había sido un miembro relevante de la resistencia polaca y que la vigilaban, por eso me pedía que llevara mensajes en su lugar. Edek estaba en contacto con ella y con otro polaco que se llamaba Bolec. Hablaban de la resistencia delante de mí porque sabían que podían hacerlo».

La red clandestina que hasta ese momento ha servido, sobre todo, para el auxilio mutuo en el interior del campo busca una salida al exterior. Edek es uno de ellos, aunque solo en parte; quiere huir para unirse a los partisanos, pero quiere que lo acompañe Mala, que no solo es una mujer, sino además judía. Su posición es difícil, debe apresurarse. Kielar aún no sabe cuáles son sus verdaderas intenciones, pero lo hace partícipe del resto de los preparativos. Juntos deciden ahorrar en alcohol y comida para reunir el oro que les permitirá comprar la fuga. La partida debe jugarse en varios frentes. Edek se informa sobre la evolución de la guerra en recortes de periódico que después lleva a sus compañeros, tranquiliza a Mala, sondea el terreno dentro y fuera del campo. Deben darse prisa.

Entre finales de febrero y principios de marzo, Edek llega a un acuerdo con el SS Lubusch, quien, a cambio de doscientos dólares o de mercancía de igual valor sustraída del almacén Canadá, garantiza que les procurará dos uniformes militares. La reconstrucción de los días convulsos de los preparativos se la debemos a Kielar, que no publicará su historia hasta los años setenta.

Edziu, que es como Mala llama a Edek, y *Mally,* como él la llama a ella, son ya pareja a todos los efectos. No solo los exdeportados hablan de ellos como de *un gran amor romántico,* sino que además subrayan que los dos se coordinan para echar una mano a los demás; ahora hacen juntos lo que antes hacían por separado. Sara Goldberg conoce a Edek en ese periodo. «Galiński me hizo varios favores. A través de Mala, me contó que mi novio, el partisano Henri Wajnberg, había muerto el 25 de enero de 1944 en la cámara de gas de Jaworzno, un subcampo de Auschwitz. Poco antes se había hecho arrancar un diente para cambiarlo por pan; tenía veintidós años».

Fania Fénelon, la cantante y pianista francesa a la que Alma Rosé integró en la orquesta femenina de Auschwitz, llega a Birkenau el 20 de enero de 1944 y enseguida conoce a Mala y Edek, y también su historia. Los estudiosos consideran su biografía a caballo entre el documento histórico y la ficción, pero a pesar de ello nos ayuda a dibujar el contexto.

En un primer momento, Fénelon cuenta cómo conoció a Mala. «Un día llegan Mengele y su grupo. Los acompaña, un poco apartada, una joven guapa, alta y demasiado delgada. Comprendo enseguida que es una judía. Va decentemente vestida, no lleva ni la estrella ni el triángulo, solo un brazalete con las palabras *intérprete jefe*. Está muy pálida. Puede que sea ella la que ha registrado los nombres de las cuatrocientas enfermas que acaban de morir en la cámara de gas. Los intérpretes jefe, de hecho, llevan la contabilidad de la muerte, ayudan a los oficiales, puntean los nombres de los condenados. Las SS obligan a los prisioneros a trabajar contra sus compañeros. Observo a la joven y me pregunto cómo puede soportar esa tarea. Sus gestos no son serviles. Nos obligan a tocar para el doctor Mengele el dueto de *Madama Butterfly*, la *Fantasía* de Schumann y la *Caballería ligera* de Suppé. Luego se van, la última en salir es la intérprete. Se llama Mala. Es un personaje legendario. El trabajo de intérprete no ha sido una manera de emboscarse. Enseguida pensó que podía aprovechar su puesto para ayudar a los demás. Es incomprensible que las SS se fíen de ella, dado que jamás ha demostrado celo denunciando a las demás ni haciendo ese tipo de cosas. Las deportadas la estiman, la quieren mucho. Se fían ciegamente de ella. Saben que *se olvida* de incluir algún que otro nombre en las listas de las selecciones cada vez que las circunstancias se lo permiten. A pesar de que es judía, las arias la respetan. Mala tiene novio, se llama Edek, era miembro de la resistencia polaca. Pueden verse porque frecuentan los mismos despachos». Más adelante, Fania Fénelon descubre los sentimientos de Mala. «Vuelve a vernos, pero no por amor a la música, en su vida solo existe el amor por la libertad y por Edek. A veces se citan en nuestro barracón. Cada vez es un momento irrepetible. Llega él. Se miran, pero no se acercan. Se quedan siempre a varios metros de distancia. No se tocan, no se hablan».

Edziu pone al corriente a Mala sobre el plan, que está muy avanzado, al igual que la relación entre ambos. Kielar lo intuye. Solo la conoce de vista, pero lo acompaña siempre a las citas y lo espera entreteniéndose con su amiga Halina, a la que regala los cigarrillos que le procura Edek; la anhelada calada de humo liberatorio por la que, según asegura Kielar, las jóvenes del campo de los gitanos están dispuestas a venderse.

Poco antes de la primavera, el cómplice Lubusch entrega a Edek el paquete prometido. Lo deja en el barracón de los instaladores, próximo al alambre de púas y la rampa. Cuando Edek se lo lleva a Kielar, que debe esconderlo, se dan cuenta de que dentro solo hay un uniforme y además faltan el cinturón y la pistola. Estos aparecen al final, pero el segundo uniforme no. Así pues, es necesario modificar el plan. Edek, que habla bien alemán, será el SS y Kielar se vestirá de prisionero. El resto de los ahorros de los últimos meses servirá para pagar unas botas y ropa civil para los días posteriores a la fuga. También ha llegado el momento de fijar una fecha. La mejor época es junio, cuando el trigo está lo suficientemente alto para que se oculten dos hombres a cuatro patas. Saldrán juntos del campo, uno detrás de otro, y luego correrán con la cabeza gacha entre las espigas en dirección a Budy, Harmense o Rajsko. Fuera los espera la libertad.

Son días de gran excitación para los dos amigos. Kielar nota que pasa algo entre ellos, que, pese a su alegría, unos nubarrones ensombrecen la cara de Edek. Pero la idea de escapar puede con todo: «Cogí el paquete que me tendía Edek y me herí con el alambre de púas. Él se reía. Me dijo que estuviera tranquilo, que solo era ropa, que luego recibiríamos los cinturones y las pistolas. Por la noche fuimos a pasear, Edek se burlaba de mí».

Aún les falta mucho para ultimar el plan, mucho más que simples detalles. Kielar está a punto de echarlo todo a perder, porque esconde el uniforme debajo de la cama con las botellas de alcohol y en una velada entre compañeros uno de ellos lo saca sin querer. Entretanto, llegan la pistola, el cinturón y las botas. El uniforme de SS ya está completo y lo esconden en un almacén de patatas que está a cargo de un conocido de Kielar que vigila todo el bloque, Jurek Sawczykow.

Por una vez se desata un estado de ánimo eufórico: el 18 de marzo es el cumpleaños de Edward-Edek y lo celebran. Kielar describe una velada especialmente alegre, con palmadas en el hombro y brindis en honor a las SS, que, a la desbandada, intentan acumular la mayor cantidad de oro posible y se venden de una forma hasta hace poco inimaginable.

Mientras tanto, la fúnebre rutina de Birkenau prosigue. Mala, Edek y Kielar recorren caminos paralelos a los del resto de los prisioneros; se cruzan con ellos y todos los destinos apuntan a la chimenea siempre humeante, pero los niveles son muy diferentes. La gran mayoría trabaja en condiciones de esclavitud, se arriesga a que la seleccionen en cada revista, depende de una escudilla de sopa aguada y terrosa. Los convoyes se suceden, las SS gritan, los prisioneros descartados se encaminan en doble fila hacia los crematorios. Entre el 8 y el 15 de marzo entran en la cámara de gas tres mil setecientos noventa y un judíos de Theresienstadt, las familias que unos meses antes fueron alojadas en el ejemplar *Familienlager* BIIb para mostrarlas en unas hipotéticas inspecciones de la Cruz Roja que, de hecho, exceptuando la visita formal de su delegado Maurice Rossel en 1944, jamás se produjeron.

Para los que no están al corriente, los conspiradores se comportan con toda normalidad. Ewa Feldenkreis, el número veintinueve mil seiscientos ochenta y dos, está en contacto con Mala a través del grupo clandestino del que forma parte. Sin embargo, no sabe que, además de apoyar los ajenos, tiene un plan propio, autónomo. «Mala no era miembro de nuestra organización, pero nos ayudaba. Cuando las prisioneras comunistas volvían del hospital y estaban débiles, las enviaba a un barracón donde no debían realizar trabajos duros. Sabíamos que había ayudado a muchas mujeres y que había recibido dinero por ello; a nosotras nunca nos pidió nada a cambio, pero la criticábamos porque había pedido que la pagaran. No sabíamos que quería escapar». Ewa también conoce a Edek. «Era simpático, alegre, venía a menudo al campo de las mujeres, era amistoso. Creo que antes de Auschwitz Mala tenía un novio judío, belga, pero ella y Edek se querían mucho». Ewa pronuncia estas palabras en tono frío, casi parece irritada por la fortuna que supone ese amor y por el activismo individual, ajeno al de la resistencia. Es la única que pone alguna objeción a la actividad de Mala. Ninguna otra prisionera alude a que Mala pidiera dinero, pero es posible que en ese momento necesitara oro, mucho oro.

Los alemanes presienten que los aliados se ciernen sobre ellos y aceleran las ejecuciones. En el año y medio que lleva en Birkenau, Mala ha visto todos los horrores, ha trabajado al lado de los verdugos. Ha permanecido en su puesto tratando de echar una mano, de poner remedio. Pero ahora se agita. Se agita como Edek, porque habla con él, porque tiene miedo. Sigue animando a las demás, pero, según Anna Palarczyk, tiene un miedo espantoso a que la envíen a la cámara de gas. Todas las prisioneras tienen miedo, pero el de Mala es especial, obsesivo, una fobia.

A mediados de abril, Mala se presenta en el barracón de la cuarentena, adonde acaba de llegar la partisana belga de veinticuatro años Sonia Goldman. «Era por la tarde y estaba con las demás mujeres en el barracón de la cuarentena. Habíamos empezado a entender algo gracias a las veteranas y también comenzamos a saber de la existencia de Mala. La reconocí en cuanto entró. Bien vestida, ropa civil, casi elegante. Me hablaba en francés y me llamaba por mi nombre; no usaba el número para dirigirse a mí, sino mi nombre. Hablamos diez minutos, luego ella me dio un lápiz y un pedazo de papel y me dijo que podía pedirle lo que necesitara. Para mí y mis compañeras fue una especie de protección extrema en la necesidad y nos beneficiamos de ella en dos ocasiones. La primera, después de pasar varias semanas de trabajo al aire libre, cuando enviaron a nuestro grupo a la nueva unidad, encargada de ordenar los objetos personales de los prisioneros, y Mala añadió a mi amiga Annette, a quien habían excluido porque no quedaba sitio. La segunda cuando, gracias a ella, nos trasladaron a la enfermería de Auschwitz I, donde recuperamos un poco las fuerzas». Es la Mala de siempre, la misma de la que Eva Fastag solo ha oído alabanzas de las supervivientes. No obstante, al igual que todos, escruta el cielo por el que, en el mes de mayo, empiezan a volar los aviones aliados y espera en vano que ocurra algo. ¿Cómo es posible que nadie los vea desde allí arriba?

«Los transportes procedentes de Hungría llegaban noche y día», recuerda Giza Weisblum. Una capa de humo denso envuelve constantemente el campo, cuesta respirar. Los que duermen cerca de las chimeneas pueden ver las largas colas de prisioneros esperando durante horas que les llegue el turno de *la ducha*. Giza piensa en Mala, que vive allí. «El barracón de Mala estaba muy cerca del alambre de púas y de los crematorios. A través de las paredes podía oír las conversaciones de las víctimas que esperaban, el llanto de los niños, los gritos de las SS, los gemidos de los que eran golpeados y, con frecuencia, las ráfagas de metralleta. No lo habría podido resistir mucho tiempo».

Muchos intentan ahora la fuga. Los alemanes están concentrados en el desarrollo de la guerra y, en cierta forma, han aflojado un poco la vigilancia. También disminuyen los castigos a los presuntos cómplices. El 4 de abril de 1944, el prisionero judío Vítězslav Lederer se fuga vestido con un uniforme de SS y gracias a la ayuda de la resistencia interna, además de la de un vigilante del campo que se ha enamorado de una joven judía, se reúne con los partisanos checos y redacta un documento para la Cruz Roja Internacional. Pocos días después lo siguen Alfréd Wetzler y Rudolf Vrba, judíos y autores de un informe conocido como el *Vrba-Wetzler Report* o los *Protocolos de Auschwitz*, cuarenta páginas de información detallada sobre el exterminio que entregaron a finales de abril a la resistencia eslovaca, un par de semanas antes de que los judíos húngaros fueran deportados en masa, cuatrocientas treinta mil personas en dos meses. El 27 de mayo escapan Czeslaw Mordowicz de Mława y Arnost Rosin de Snina, Boris Zemenko y Abraham Leisman; a este último lo capturan de nuevo pocas horas después de la fuga de Mala y Edek.

El camino que conduce a la libertad es una apuesta. Algunos lo consiguen. En cuatro años se fugan de Auschwitz novecientos hombres —de los que ciento cuarenta y cinco son judíos— y cincuenta mujeres —cuatro judías—. Edek había visto los primeros intentos de fuga del campo base, cuando los que no tenían éxito en su empresa eran obligados a estar de pie bajo el letrero *Arbeit macht frei* con un cartel colgado al cuello que rezaba, por ejemplo: «¡Hurra, he vuelto!». Ha pasado toda una vida.

Mala se convence de que ha llegado su turno. Siente que está involucrada en el plan, que Edek no se marchará dejándola en el infierno. Kielar, en cambio, aún piensa en dos fugitivos, no en tres. Lee el pesar y el deseo en los ojos de su amigo, que cada vez se muestra más silencioso, pero confía en que se decida a *soltar el hueso*. «Un día, Edek empezó a hablar de su relación con Mala, que había iniciado hacía tiempo. Me sorprendió, porque hasta ese momento había sido discreto, eludía el tema. En cualquier caso, jamás me había abierto su corazón como lo estaba haciendo en ese momento, aunque lo conocía desde hacía mucho tiempo. Me contó que estaba muy unido a ella, me explicó que vivían juntos y que le costaba separarse de ella, especialmente en ese momento, en que había enfermado de malaria. No podía soportar la idea de que tarde o temprano correría la misma suerte que cualquier judío. Hasta ese momento todo había ido bien, ella era la favorita de Drechsel, todos la querían. Pero cuando llegara el momento la misma Drechsel sería quien daría la orden de que Mala fuera la primera en ir a la cámara de gas».

Kielar reacciona mal. Sabe que las preocupaciones de Edek son más que sensatas, que los privilegios de Mala son temporales, que corre el rumor de una inminente eliminación de todos los judíos. El macabro vaivén de los convoyes se intensifica, Atenas, Drancy, Fossolo, Corfú, Malinas, los judíos húngaros, que entre mayo y junio mueren a un ritmo de diez mil al día en la cámara de gas. A pesar de todo, es su plan, los partisanos polacos los esperan y no es momento para romanticismos. Kielar se pone nervioso. Si bien comprende las razones de Edek, intenta relativizar con él la importancia de un amor nacido en cautiverio, pero el amigo no da su brazo a torcer. La verdad es que Kielar tiene miedo: la empresa requiere esfuerzo físico y suerte y Mala es una mujer que ha tenido la malaria, es judía y nadie querrá esconderla en los pueblos de las inmediaciones.

Cae un tupido velo sobre la amistad que ha madurado en los más de mil días de reclusión que han pasado codo con codo y Kielar se arrepentirá amargamente más tarde. Aparentemente, todo está en orden. Kielar consigue la ropa civil; Edek lo acompaña al bloque femenino para que vea a Halina, la prisionera que tanto le gusta, mientras él se reúne con Mala; Kielar pasa a recogerlo luego al barracón de las radiografías, después de que la joven se haya marchado. Pero su relación se ha enfriado. Kielar se exaspera: «Esa tarde Edek volvió a ver a Mala. Yo estaba harto de sus aventuras románticas».

Edek no se rinde. Los supervivientes lo describen como un hombre leal y él, de hecho, no quiere desembarazarse de Kielar. Al contrario, intenta persuadirlo de que todo funcionará bien aunque sean tres, que serán una SS y dos prisioneros, que la fuga acabará siendo *una agradable excursión*. Después le enseña el retrato de Mala pintado por Zofia para demostrarle que no tiene facciones semíticas que puedan traicionarla. No sirve de nada. En lugar de disminuir, la distancia que los separa es cada vez mayor. Kielar recuerda que las discusiones aumentan. «La amaba, yo lo sabía. Y tenía razón: ella habría muerto en el campo. Intentaba parecer cínico y no se explayaba demasiado, pero la amaba. Yo replicaba que, en ese caso, pediría a Halina que nos acompañara también y él me respondía: "Eres idiota, lo vuestro es solo un *flirt*. Además, no es judía. No estoy comprometido con Mala, puedo escapar solo, pero la quiero". Acto seguido, sacó un gran anillo de platino con veintitrés brillantes de al menos medio quilate cada uno y una piedra más grande en el centro. Dijo que lo había comprado por tres salchichas y que pensaba utilizarlo».

Tanto si son dos como si son tres, necesitan el *Ausweis,* el salvoconducto que el SS Edek debe presentar a la salida. Tienen el carnet de identidad que un alemán perdió en la rampa, pero falta la autorización para salir. Kielar tiene dificultades para procurarse una y Edek se la pide a Mala; sabe que ella tiene acceso a las oficinas administrativas y la implica asignándole un papel indispensable.

El 6 de junio de 1944 las tropas estadounidenses desembarcan en Normandía. Auschwitz sigue estando en su sitio. Mala está triste. Sabe lo que está sucediendo en el frente, escucha a los alemanes, lee los periódicos, tiene al corriente a sus compañeras. El prisionero número ciento treinta mil seiscientos sesenta y cinco, Sim Kessel, cuenta que se enteró del desembarco en Normandía gracias a las mujeres con las que conversaba a través del alambre de púas que los separaba y que se asombró de que ellas lo supieran. Fania

Fénelon recuerda el entusiasmo por el avance estadounidense, la confianza en Mala como fuente de información, el nerviosismo creciente de las SS y los ojos de los prisioneros clavados en los Cárpatos con la esperanza de divisar, más allá del humo de los crematorios, una señal de los partisanos.

En la biografía de Fania Fénelon, las protagonistas son las mujeres, las afortunadas intérpretes de la orquesta y una convivencia forzada; las polacas —que detestan a las judías—, las católicas —que se ponen en manos de Dios— y las comunistas —que se burlan de ellas—, las sionistas —que piensan en Palestina—, el amante *kapo* de Klara —que le regala un sujetador—, las peleas, el dolor, la negación de cualquier espacio íntimo, el arte más o menos mezquino de la improvisación, una carcajada infantil, gratuita, compartida de repente para cancelar el mundo en el que «ni siquiera estás sola para rascarte». Mala pertenece a esta triste rutina. «Esa noche, cuando se reunió con nosotras, estaba extenuada, pálida, tenía unas ojeras profundas, era una máscara trágica. "¿Qué te pasa, Mala? ¿Estás enferma?". Había tenido lugar la enésima selección, decía que sentía repugnancia y rabia, que no podía seguir escribiendo los números de las compañeras destinadas a las cámaras de gas, que debíamos hacer algo, que los de fuera debían saberlo. "Sí, pero ¿cómo?". Admitió que no lo sabía, pero dijo que Edek encontraría la forma. Se moría de ganas de que el mundo supiera lo que sucedía en Auschwitz y nosotras pendíamos de sus labios. Le dimos la razón, como siempre. Nos repetíamos que los *lager* existían porque nadie sabía nada de ellos. Algunas pensaban que, cuando descubriera el crimen, el papa organizaría una cruzada para liberarnos».

Mala se sincera con Giza Weisblum. «Un día me dijo que había planeado escapar con un polaco llamado Edek Galiński, un prisionero que había sido deportado en 1940 con el primer convoy, por lo que conocía a fondo el gigantesco complejo de Auschwitz-Birkenau y que, gracias a su trabajo como mecánico, estaba en contacto con ciertas personas que se encontraban fuera del campo», escribe Giza. Mala habla también con las tres amigas recaderas con las que vive en el barracón. Así, compartiendo su secreto, este le resulta más llevadero y crea una red de colaboración. A pesar de que la idea no la convence, Giza procura a su prima un pantalón de peto de obrero. Herta Roth le da un mapa de Polonia y varias prendas civiles. Tatiana Mail, empleada en el almacén Canadá y amiga de Mala desde que esta le regaló una antología de poemas de Verlaine, la escucha extasiada. «Me contó que iba a escapar, que todo estaba preparado y que la resistencia tenía un plan. Iban a huir todos, las mujeres participarían activamente y los del *Sonderkommando* destruirían los hornos. Dijo que no podía asegurármelo, pero entretanto me animaba».

Otro prisionero conoce también los proyectos de Mala. Se trata de un viejo compañero de los tiempos de Amberes, un polaco que emigró a Bélgica cuando tenía diez años, igual que ella. Romek Hutterer vivía en Borgerhout y ambos se entretenían discutiendo de política por la noche delante de casa; los dos militaban en las juventudes sionistas. La guerra los separa, pero por poco tiempo. Cuando los alemanes invaden Bélgica, Hutterer abandona el país, pero es igualmente arrestado en 1942 y deportado en los mismos días en que parte el convoy de Mala. Cuando esta envía a alguien a buscarlo, Hutterer se ocupa de los caballos en una sección agrícola de Budy, el subcampo de Auschwitz que se encuentra a seis kilómetros. «En mayo de 1944 un polaco de Budy que iba y venía al campo femenino me dijo que una mujer había preguntado si yo era de Amberes y que quería verme. Pedí permiso para ir con el carro a Birkenau, donde las mujeres me llevaron a verla. Me esperaba en un barracón mientras las demás hacían guardia. Hablamos un buen rato en flamenco. Mala me dijo que desde que se había enterado de la muerte de su padre vivía un verdadero infierno y que no lo soportaba más. Insistía en que el mundo debía conocer la existencia de Auschwitz. Yo objeté que era imposible que fuera no supieran nada del exterminio de los judíos, que cuando recuperara la libertad no iba a poder contar con la ayuda de los polacos y que, como me habían explicado las mujeres, dada su posición privilegiada, era más útil dentro del campo. Ella replicó que yo tenía la inteligencia de un caballo, que quizá por eso me sentía a gusto con ellos. En ese momento llegó Edek. Hablamos con él en polaco y me explicó que el plan era seguro». Hutterer sobrevivirá al final de la guerra y se embarcará, como soñaba, rumbo a Palestina. «Debería haberlos disuadido, jamás me lo he podido perdonar».

Kielar da largas, se escabulle, no está convencido. Persuade a Edek para trazar un nuevo plan de fuga: Edek y Mala escaparán solos, pero una vez en Kozy entregarán el uniforme a Szymlak y este se lo devolverá a él. Kielar escapará con otro compañero, Jozek, dos días después. Perviven las dudas, la incertidumbre, pero al final prevalece el corazón: Kielar no tiene valor para marcharse y Edek quiere salvar a Mala, así que el nuevo plan les conviene a los dos. Kielar los manda como avanzadilla con el consiguiente riesgo, pero Edek no se lo reprocha.

«En las últimas semanas Mala estaba melancólica y triste, decía que se había resignado y que creía que ninguna de nosotras regresaría viva, porque, a pesar de que el Ejército Rojo cada vez estaba más cerca, los nazis iban a tener tiempo de exterminarnos a todos», cuenta Margita Svalbova. Según Léa Karbi, en cambio, finge estar enferma para desaparecer más a menudo de lo habitual; de esta forma pretende crear un precedente para cuando la busquen y cada instante sea precioso. Birkenau está al máximo de su *eficiencia,* todos los días llegan filas de nuevos deportados.

El 13 de junio los compañeros de Edek organizan una especie de fiesta para celebrar el cuarto aniversario del primer transporte, del que solo quedan vivos treinta prisioneros; hay pan, queso, salchichas y sardinas. Se exalta la guerra que los alemanes están perdiendo, la libertad, a aquellos que como Edek prueban suerte.

El 23 de junio, pocas horas antes de la fuga, Éva Golgevit ve a Mala. Éva es una partisana francesa que hace poco se trasladó de Auschwitz I al bloque 27 de Birkenau, la última construcción que hay antes del crematorio, cuya sombra siniestra se proyecta entre las literas. Su hermano

Moshke Rozencwajg fue fusilado por los nazis cuando tenía veintidós años. Ella mantiene contacto con los grupos de la resistencia interna y a través de ellos conoce a Mala. «Volvíamos exhaustas del trabajo en el campo al aire libre, pasábamos el día moviendo piedras. El calor era insoportable, arrastrábamos los pies a duras penas por el camino polvoriento, teníamos los labios secos. Al franquear la puerta de Birkenau, oímos un estruendo increíble; las SS ladraban más fuerte que sus perros, los *kapo* gritaban: *Links! Links!* ("¡A la izquierda!"). Nos golpeaban con las porras al azar. Para aumentar la angustia y deprimir aún más el espíritu, la orquesta del campo tocaba una alegre marcha. Una vez dentro, todas debíamos correr a nuestros bloques y presentarnos al recuento. Yo no veía la hora de lavarme los labios, la cara, las manos. Así pues, decidí correr hacia el baño, cuyos grifos goteaban. Cuando volví al bloque todas estaban ya alineadas. La jefa de las centinelas se acercó iracunda, dispuesta a abalanzarse sobre mí como un animal sobre su presa. Pero Mala se interpuso entre nosotras como un rayo y la guardia se detuvo con el puño levantado, no se atrevió a golpearme. "Mala —le dije en voz baja—, has aparecido como un ángel en el cielo gris de Birkenau". Ella, como si quisiera despedirse, me apretó mucho la mano. "Hoy estoy nerviosa", me confió en un susurro. Miré sus facciones delicadas y le dije: "Cuídate, Mala"».

Al día siguiente es sábado y hay menos vigilancia. El uniforme y las pistolas aguardan en el búnker de las patatas. Kielar llega a la cita después de una noche de insomnio. Edek, en cambio, dice que ha dormido como un lirón. Pese a que el día acaba de empezar, ya hace mucho calor. Edek y Kielar se reúnen con Mala en su bloque para volver a examinar los mapas de la zona. Ella, pálida y tensa, les da las piezas de oro que sus compañeras le han entregado. Giza está con ellos, Mala le parece tranquila. La atmósfera es tensa, eso sí. El tiempo parece haberse detenido. Las recaderas que han ayudado a Mala a encontrar el salvoconducto la abrazan, la besan, le desean buena suerte una y mil veces. Ahora el que está nervioso y preocupado es Edek, que interrumpe bruscamente las despedidas: «Es la hora». Kielar recuerda la mano fría y trémula que le tiende Mala mientras susurra: «Estamos en manos de Dios». Empieza a arrepentirse de haber abandonado a Edek con esa joven. Está inquieto. A pesar de que su amigo confía siempre en la buena suerte, teme que ella no aguante. Pero es demasiado tarde para echarse atrás.

A mediodía, aprovechando la ausencia de la comandante Maria Mandel, Edek, acompañado de Jurek, va al depósito de patatas. Lleva un pantalón de peto y una caja de herramientas. Mientras se cambia y se ajusta a la cintura la pistola cargada con dos balas, Jurek va al baño del puesto de guardia con la excusa de reparar el candado que el mismo Edek ha roto con anterioridad y arrastra a la parte de detrás un lavabo. Un cuarto de hora más tarde, Mala sale de su bloque para reunirse con Jurek.

Cuando va andando, Mala se cruza con la SS Perschel, que le pide que le sujete la bicicleta. Pero es solo un momento y enseguida Mala puede proseguir su camino. Según Giza, después se topa con otra SS, una guardia a la que le gusta beber. Mala le tiende la botella que lleva preparada y se despide de ella. El campo está inmerso en una atmósfera enrarecida. El sábado es casi fiesta, un adelanto del domingo, que, según cuenta el superviviente Alberto Sed, es un día tremendo, «porque no se trabajaba y los alemanes se aburrían». Un fin de semana similar a este en el que Edek y Mala se evaden, Alberto Sed —deportado de Fossoli el 23 de mayo de 1944 a la edad de catorce años— vio cómo unas SS borrachas ahogaban a un joven sacerdote griego al que habían empujado a la piscina y habían molido a bastonazos *para divertirse.*

Mala va al baño donde Jurek ha dejado el uniforme de rayas, pero tarda en salir. Jurek cuenta que entró y la encontró inmóvil, pálida, poco menos que en trance. Dice que la vistió y le puso sobre la cabeza el lavabo. Le castañeteaban los dientes y quizá tuviera fiebre, el caso es que siguió dócilmente a su amigo, quien la llevó al lugar donde Edek los estaba esperando. Jurek les hizo el saludo reglamentario y se marchó. Herta Roth sostiene que ella también estaba dentro del baño para ayudar a Mala y que el lavabo se lo puso sobre la cabeza para que no se le viera el pelo y no se notara que era una mujer. Sea como sea, lo que cuenta es que Mala, vestida con el uniforme de rayas y con la cara tapada, va al encuentro de Edek.

Kielar los observa desde lejos, está empapado de sudor y siente las piernas tan pesadas como si fueran troncos de madera. «Al final los vi. El fornido Jurek acompañado por una figura menuda con un gran lavabo en la cabeza. Mala se tambaleaba por el peso. Hice a Edek la señal acordada y él salió del búnker. Fingiendo que se sacudía el polvo de su uniforme de *Rottenführer,* se dirigió con aire indiferente a un lado del camino y esperó a que los otros dos se aproximaran a él. Jurek se detuvo delante del SS, a la distancia reglamentaria, y luego se retiró. Edek se quedó rezagado unos pasos y dejó que Mala caminara delante, imitando la manera en que las SS solían escoltar a los prisioneros».

Las compañeras de Mala siguen la escena desde sus bloques. «Aún me parece verlos, Mala con el lavabo cubriéndole la cabeza por completo», recuerda Greta Glas. Herta Roth teme que las zancadas demasiado cortas de Mala puedan levantar las sospechas de alguien y para advertirla canta una especie de estribillo en voz alta. «Se tambaleaba, caminaba como una mujer. Entonces me puse a cantar en eslovaco: "Zancadas más grandes, zancadas más grandes" y ella lo pilló al vuelo».

Edziu y Mally se dirigen lentamente hacia la entrada principal; a la derecha están los bloques de las mujeres, donde todas contienen la respiración, y a la izquierda los de la cuarentena, donde no saben nada. Deben superar dos perímetros de vigilancia, uno delimitado por un alambre de púas electrificado en torno a Birkenau y otra mayor que rodea todo el complejo de Auschwitz I y II. Kielar, inmóvil, observa cómo Edek enseña el salvoconducto y uno tras otro dejan atrás el primer control de vigilancia. «Los seguí con la mirada unos trescientos metros, hasta donde el camino doblaba bruscamente a la derecha, y desaparecieron detrás del búnker de las patatas». Es el 24 de junio de 1944. En esas mismas horas, en Berna, los estadounidenses reciben el informe *Vrba-Wetzler* sobre el exterminio de los judíos en Auschwitz, que incluye los planos del campo. Es el primer documento sobre el Holocausto que se entrega a los aliados y su recepción será más bien complicada.

En el campo hay ahora dos universos paralelos, el de los que no saben nada y el de los que saben y esperan contando los minutos. ¿Lo conseguirán Edek y Mala?

Hasta última hora de la tarde, no sucede nada. El recuento, dice Herta Roth, es el momento de la verdad. «Empezaron a buscar, faltaba una prisionera. De repente, la vigilante Eva Teleki cayó en la cuenta de que la número diecinueve mil ochocientos ochenta, Mala Zimetbaum, había desaparecido hacía más de tres horas. Mandel estaba furiosa, imprecaba a Margot Drechsel que le había dado demasiada libertad a esa judía». Las compañeras de Mala saben, pero siguen esperando. Jenny Spritzer recuerda el momento en el que se confirma la doble evasión, la ilusión del amor mofándose del alambre de púas. «De repente sonó la alarma también en el campo masculino. Eran ellos. Nos sentíamos felices, había una judía fuera, por fin el mundo iba a saber lo que nos estaban haciendo. Nos mirábamos guiñándonos el ojo».

Giza, la prima a la que Mala ha abierto su corazón como no había hecho nunca con nadie, es una de las más angustiadas. «Los que estaban al corriente de la evasión de Mala esperaban el recuento con el corazón en un puño. Confiábamos en que cuando notaran su desaparición ella ya estuviera lejos. Eran las cinco de la tarde, la orquesta tocaba, los prisioneros volvían exhaustos del trabajo, vigilados por las SS y sus perros. Contaron a los prisioneros, pero algo fallaba; contaron varias veces más, en balde. Hasta que las SS se dieron cuenta de que la que faltaba era Mala, la recadera. Drechsel estaba fuera de sí. "¿Mala? ¡Imposible! La hemos tratado muy bien". Quizá estaba enferma. Registraron el campo de arriba abajo. Hasta Drechsel corría de un lado a otro. Nada. Enviaron a un SS para que fuera en moto a Auschwitz I y diera la voz de alarma. Mandel reprochaba con dureza a Drechsel que había favorecido demasiado a Mala. Mala conocía todos los secretos del campo. Podía revelar mucho. Debían capturarla como fuera. Se alertó por teléfono a todos los departamentos de la Gestapo y a los cuarteles de policía. Entre las prisioneras se iba difundiendo un sentimiento de exaltación. Las sirenas seguían sonando sin interrupción, se había descubierto que faltaba otro prisionero: Edek Galiński».

El recuento dura tres horas, dice la prisionera francesa Suzanne Birnbaum. «Al principio nos preguntábamos por qué. Después, una jefa de la policía del campo pasó a toda prisa y gritó a nuestra vigilante que Mala, la belga, se había fugado. Nosotras nos mirábamos asombradas y contentas, Mala había escapado y a buen seguro se había marchado con los documentos que mostrarían al mundo las atrocidades que se estaban cometiendo, así que muy pronto todos sabrían lo que estaba ocurriendo». Las mujeres apenas pueden contener su satisfacción. Anna Palarczyk está también allí, de pie al lado de las demás. «Buscaron a Mala por todas partes, incluso en la fosa, por si se hubiera caído o estuviera acurrucada allí. Drechsel creía que estaba enferma. Entonces los recuentos no duraban mucho. Las centinelas la buscaban, parecían humanas, eso demostraba lo privilegiada que estaba. Después sonó la sirena en el campo masculino. Su fuga fue un acontecimiento importante. Se decía que los hombres escapaban gracias a la ayuda de los partisanos polacos, porque la resistencia necesitaba hombres. Se decía también que Mala iba a ser un lastre para Edek, pero los dos actuaron de forma romántica, organizaron una fuga privada, y la resistencia no colaboraba en este tipo de fugas».

Las mujeres participan como si fueran protagonistas. «Estábamos eufóricas, creímos en el milagro, soñábamos que el mundo vendría a salvarnos», escribe Fania Fénelon. La sirena del campo de Edek amplifica la del campo femenino. Todas oyen el doble sonido y las que no lo oyen se lo imaginan. «Cuando oímos la sirena del campo masculino comprendimos que lo habían conseguido, que habían escapado, eran Edek y Mala», recuerda Ewa Feldenkreis, la número diecinueve mil seiscientos ochenta y dos. Rebecca Liwschitz recuerda la última vez que vio a Mala, unos días antes de la fuga. «Vino a verme, me besó y antes de irse volvió a besarme. Yo no entendía nada ni conocía a Edek. Pero ¡cuánto me alegré después!».

Por la noche, en el campo femenino no se habla de otra cosa. El aire está saturado de cansancio y miedo, pero también de la certeza de que una persona tan cauta como Mala no puede haber hecho una tontería. No todas conocen a Edek, pero ella es una leyenda y, por lo visto, Drechsel está hecha un basilisco. ¿Que se ha fugado una judía privilegiada? Para los nazis es una auténtica vergüenza, para las víctimas es la revancha. Fania Fénelon cuenta que el entusiasmo era casi delirante. «Soñábamos con Mala capitaneando un ejército de liberadores que entraban y destripaban a las SS».

La evasión de Mala tiene un aura legendaria, muchas supervivientes hablan de ella. Según asegura la historiadora Annette Wieviorka basándose en los hechos documentados, la fuga tiene un fuerte componente anecdótico que la diferencia de otras de alcance histórico real, como las de Rudolf Vrba y Alfréd Wetzler. En opinión de Wieviorka, Mala levanta más la moral de las prisioneras de lo que ayuda a la resistencia contra los nazis. Prueba de esto es el mito que se crea sobre ella, sobre las acciones que realiza, pero también sobre su aspecto físico. Huber, en cambio, considera que Mala es del todo real en la memoria de sus compañeras y que su amor por Edek evidencia en qué medida este sentimiento estaba presente en Auschwitz en la misma medida que la desesperación; un amor sublimado pero en ocasiones incluso carnal, sobre todo entre personas del mismo sexo.

Cuando la oscuridad cae sobre el campo, Mala y Edek están a unos veinte kilómetros de sus compañeros, pero son libres. Mandel sigue gritando. Drechsel, que sin querer aceptar la realidad ha ordenado buscar a Mala en todos los fosos pensando que la encontrarían con fiebre e inconsciente, está furibunda. En su venganza, los alemanes se ensañan en primer lugar con las compañeras de Mala y acusan a Lea Sziowic, Sara Goldblum y Herta Roth como cómplices. Las arrestan e interrogan durante varios días en el departamento político, pero todo en vano. Ninguna de las tres traiciona a la amiga y repiten la versión que han acordado de antemano: describen a una Mala impenetrable, tan misteriosa como una esfinge, con una mente y unos propósitos insondables.

El domingo, le corresponde al comandante del campo Josef Kramer la ingrata tarea de enviar un telegrama en el que da la alarma y reconoce el fallo en la seguridad del campo: «La judía Mala ha escapado. Buscadla y traedla de nuevo aquí», teclea. Al cabo de diez minutos dicta otro para comunicar la fuga de Edek. Empieza la caza al hombre. Edziu y Mally avanzan con la mirada al frente.

6

La fuga

Y como quien, con hálito afanado,
sale fuera del piélago a la riba
y vuelve atrás la vista, aún azorado,
así mi alma también, aún fugitiva,
volvió a mirar el temeroso paso
del que nunca salió persona viva.

DANTE ALIGHIERI, «Infierno»,
en *La Divina Comedia*, I, 22-27
(traducción de Bartolomé Mitre)

Caminar despacio, avanzar con determinación pero lentamente, sin ceder a la tentación de pararse, de respirar el aire que hay al otro lado del alambre de púas. La entrada en sentido único de Birkenau está a sus espaldas, los guardias escrutan los campos desde la torre. Aún deben superar el segundo perímetro de vigilancia para no sentirse a tiro, pero el SS Edek y la prisionera Mala saben que los alemanes acaban de cambiar las fuerzas encargadas de patrullar y los recién llegados no pueden conocer a todos sus compañeros. El sendero de tierra serpentea en medio de los arbustos y se pierde entre los abedules. Más allá, en algún lugar, está la Judenrampe, la rampa exterior. Ahora se utiliza menos, porque los alemanes quieren eliminar a toda prisa a los deportados y los convoyes entran directamente en el campo por la *Bahnrampe*. Mala aún lleva el lavabo en la cabeza; pesa mucho, suda, la áspera ropa se pega a la piel debido al calor. El corazón le late tan fuerte que el pecho parece a punto de estallar. Edek cuenta los pasos, ha estudiado el recorrido y se lo conoce de memoria. Sabe dónde pueden abandonar lo que ya no sirve: el lavabo, el uniforme de rayas de prisionero, el miedo.

El primer objetivo es dejar atrás Budy, uno de los cuarenta subcampos de Auschwitz, donde trabajan unos ochocientos prisioneros, la mitad de los cuales son mujeres. Hoy en día, en la estructura en que se alojaban los hombres encargados de limpiar los canales y los estanques de peces, hay una especie de almacén. La luz vespertina de finales de septiembre de 2015 no es la de junio de 1944, pero aun así brilla entre las ramas aún desnudas. La breve historia de amor en libertad de Mala y Edek inicia aquí, donde la naturaleza estalla protectora y el espectro cercano de Birkenau parece remoto, trece días de amor de los que no hay ningún testimonio, porque los únicos que los vivieron ya no existen. Los árboles, sin embargo, son los mismos, los vieron caminar, pararse, recuperar el aliento, cogerse de la mano, reír, llorar, contarse todo lo que no podían contarse entre los barracones por falta de tiempo. Palabras, promesas, besos, mil secretos confiados al aire que aquí no está contaminado por el humo de la chimenea. Setenta años son poco más que una sucesión de estaciones entre los troncos centenarios que se erigen hacia el cielo, así que mientras avanzas paso a paso el camino que recorrieron los dos fugitivos tienes la impresión de verlos, nada ha cambiado aquí.

Mala y Edek avanzan a hurtadillas por los campos de trigo, escondiéndose entre los tallos altísimos que se alternan con los claros. Él va vestido de SS, ella como si fuera su novia. Deben tener cuidado y mantenerse alejados de las sendas que llevan al pueblo de casas bajas y tejados de punta, donde la resistencia polaca del Armia Krajowa tiene importantes contactos. Su hombre no está en Budy, sino unos quince kilómetros más adelante, en Kozy. No hay tiempo que perder.

La vegetación es densa, a derecha e izquierda se extienden las ciénagas que el comandante en jefe de Auschwitz, Rudolf Hess, se jacta de haber saneado. El paisaje debe de ser como entonces, los troncos cortados y apilados por expertos leñadores, el terreno fangoso. Unos grandes carteles de las asociaciones ambientalistas describen las variedades de patos, pájaros y flores que antes de ser censadas vieron pasar nazis, evadidos, ejércitos liberadores, campesinos, almas perdidas, la historia, la memoria.

Es la primera vez que Mala y Edek están solos. Ella y él. Un sendero polvoriento, los campos cultivados, la estación de ferrocarril de Brzeszcze —la ciudad de las minas de carbón— con una especie de marquesina en medio de la nada, las vías que llevan hacia delante pero también hacia atrás, el esqueleto de una cementera abandonada hace tiempo. Tardan cinco horas en divisar las primeras casas de Kozy, a la izquierda está el bosque y delante las colinas y el macizo del Beskid Mały, en cuya cima se encuentra la frontera. La meta está al otro lado de esas montañas, a pesar de que Eslovaquia, sometida al Reich desde 1939, es un país que no carece de peligros.

Mala y Edek llegan pasadas las ocho de la noche, el olor a brasas evoca familias reunidas alrededor de la mesa. Están cansados, son un hombre joven con el uniforme de las SS y una mujer con ropa civil y signos de fiebre malárica, tienen la cara marcada por el cansancio y el miedo. Pero Józef Szymlak aún está más aterrorizado que ellos.

¿Quién recuerda el nombre de Józef Szymlak en el pueblo donde a principios del siglo XX vivían tres mil seiscientas personas y hoy viven doce mil? En el Dom Kultury, el centro cultural del Ayuntamiento que también alberga un centro para ancianos, no saben nada de él. La bibliotecaria Kristyna Mirocha busca en el archivo hasta que le viene a la mente el nombre de Bartłomiej Bartek Jurzak, un joven etnógrafo que trabaja para la administración municipal y ha estudiado a fondo el tejido ciudadano.

Bartłomiej está preparando una conferencia sobre la historia local, un gran evento que tendrá lugar en el auditorio de la plaza rodeada por un parque que alberga el plátano polaco más antiguo. Es muy joven, nació cuando muchos supervivientes de Auschwitz ya habían muerto y ni siquiera existía ya el telón de acero. Pero cuando oye el nombre de Szymlak su rostro se ilumina. Lo conoce, por supuesto, es el hombre que ayudó a Mala Zimetbaum y Edek Galiński. Bartłomiej mantuvo una larga entrevista con un campesino jubilado que lo sabe todo de él y en 2013 escribió un opúsculo sobre los personajes ilustres de Kozy. Lo llama por teléfono presa de una gran excitación y al cabo de una media hora llega Grzegorz Hatat, exferroviario y apasionado de la historia.

«Szymlak era un hombre sencillo, un alicatador que trabajó en el campo desde 1940. Formaba parte de un grupo que pasaba toda la semana allí y volvía a casa el domingo. Construyó los cuartos de baño del hospital, la sauna y los Crematorios III y IV», cuenta Grzegorz Hatat mientras pasea por el cementerio donde en 1952 fue enterrado Szymlak, una pequeña tumba en las inmediaciones de la de su hija Antonina, quien por aquel entonces iba y venía del campo para llevar a su padre la ropa y la comida que debía distribuir a los prisioneros. También se encuentra cerca la tumba de Franciszek Żak, el abad que bautizó al futuro papa Karol Wojtyła, que está cubierta de flores.

Grzegorz Hatat pudo reconstruir la historia de ese sábado por la noche de 1944 gracias a Antonina, que murió hace pocos años. La casa de los Szymlak aún está en su sitio; la han enlucido de nuevo, pero sigue igual. Un pequeño puente une el camino arbolado, casi desierto en aquella época, y la valla del jardín; por debajo corre un arroyuelo.

Entre las ocho y las nueve, Szymlak lleva a Mala y a Edek hasta la puerta, al otro lado está su familia. Se han encontrado en el pueblo, donde ellos han preguntado por él nada más llegar. «Szymlak, Szymlak, ¡un SS te busca!». En los pueblos pequeños las noticias corren de boca en boca. Szymlak se había brindado a echar una mano, como había hecho ya en el pasado, pero ahora se siente desfallecer. No puede abandonar a los dos fugitivos, que, por si fuera poco, no pasan inadvertidos, pero es superior a sus fuerzas, no tiene valor para dejarlos entrar. En Birkenau ha saltado ya la alarma, los sabuesos deben de haber iniciado la caza al hombre, la vida de sus seres queridos corre peligro. Confuso, pide ayuda a un amigo que posee un granero a la entrada del pueblo, uno de los innumerables protagonistas innominados de esta historia. Su casa está a un par de kilómetros de distancia, se trata de un gran edificio con el tejado inclinado de color rojo que sigue allí, igual que ayer, a los pies de las cimas donde el bosque cede terreno al trabajo de los campesinos. El mejor escondite es el granero que hay en la parte posterior de la casa, de ahí a las colinas solo hay un paso. Szymlak les deja una buena cantidad de pan y salchichas, estrecha sus manos agradecidas, les desea buena suerte y se marcha. Mala y Edek se quedan solos, de nuevo solos bajo las estrellas; es la primera noche que pasan juntos, dos veinteañeros que han visto un infierno cada vez más sediento de sangre y que han salido de él cogidos de la mano. El *lager* donde estaban encerrados hasta hace pocas horas es el pasado. Delante se alza la oscura silueta de los Beskid Mały que deben empezar a subir en cuanto salga el sol, momento en el que tendrán que ponerse de nuevo en marcha.

En esas mismas horas, en Birkenau se vive una gran confusión debido a la fuga. Las prisioneras esperan exaltadas y asustadas, las vigilantes corren enfurecidas entre los barracones, la alarma rebota del campo masculino al femenino, ansia, esperanza, incertidumbre, miradas que se cruzan y se desvían de inmediato.

«Los alemanes los buscaban como locos, estaban enfurecidos porque su confidente los había traicionado», cuenta Léon Schummer citando a la superviviente Sally Lesser, quien contó que los guardias ofrecieron tres kilos de azúcar al que diese alguna información útil.

Al amanecer, Mala y Edek ya están en marcha. El camino es largo. Deben orientarse por la luz del día, las vías del tren y las referencias geográficas que han estudiado con todo detalle durante semanas: el río Kozłowa a la izquierda y la pendiente siempre delante. Es el camino recorrido por los que se han evadido antes que ellos, el que ofrece mayores garantías de éxito. Los dos enamorados no pueden contar con los móviles ni con los mapas satelitales que hoy, como ángeles de la guarda, guían a los prófugos mientras huyen del infierno de la guerra siria. Pero tampoco pueden contar con el buen corazón de un campesino que encuentren por el camino, porque recibir ayuda en sus condiciones no es seguro y el precio de un posible rechazo es la vida.

Edek, antes de despedirse, ha entregado a Szymlak una nota para Kielar y este la recibirá dos días más tarde, aunque no de manos de Szymlak. «Mala está bien», escribe. Pero sobre todo quiere que su amigo, que era tan escéptico, sepa cuánto vale ella. «Llegamos al puesto sin dificultad; Mala transportó el lavabo un par de millas, es una chica valiente. Tras dejar atrás Budy, nos precipitamos a un sembrado de trigo y llegamos a Kozy a última hora de la tarde. Pasamos la noche en un granero a la entrada del pueblo, cerca del bosque. Mala está bien, solo le duelen un poco los hombros».

El tono parece sereno. Kielar se da cuenta de que algo no encaja. El plan era que Edek devolviera al campo el uniforme de SS y las demás cosas para que Kielar pudiera seguir sus pasos; sin embargo, ni Szymlak ni ninguno de los civiles de Kozy que entran y salen de Birkenau le llevan nada. Pasan las horas, los días. El 27 de junio se produce otra fuga: Konstanty Jagiełło y Tomasz Sobański escapan de Birkenau. ¿Qué le ha sucedido a Edek? En teoría debían verse todos en Zakopane, ir a casa de la hermana de Kielar y, tras dejar a Mala con la familia, unirse a la resistencia polaca en Jarosław.

Mala y Edek no se encaminan hacia Zakopane, sino que avanzan casi en dirección contraria, en dirección a las montañas de Żywiec, la frontera con Eslovaquia, donde Mala aseguraba tener parientes cuando estaba en el campo. O quizá quieren ver al consejo judío eslovaco, al igual que

Wetzler y Vrba, los autores de los *Protocolos de Auschwitz*. Según Kielar, Mala es la que insiste en el nuevo itinerario. Probablemente Edek la secunda porque en Kozy ha comprobado que no pueden contar con Szymlak como esperaba. Este los ha protegido, les ha procurado un refugio seguro y les ha dejado muchas provisiones, pero tiene miedo, un miedo atroz. No ha querido esconderlos en su casa, así que tampoco querrá hacerlo una segunda vez. Ni siquiera entrega la carta directamente a Kielar, sino a través de un conocido. De nada serviría intentarlo de nuevo, Kielar debe pensar en otro plan; siempre que aún le queden ganas de desafiar al destino y no prefiera esperar la liberación en el interior del campo. Porque el campo será liberado. En el fondo, Kielar cree que será así. También Edek está seguro mientras camina al lado de Mala. La vida, que había quedado anulada, florece y hasta el camino más impracticable les resulta leve sin las órdenes despiadadas de las SS. En el cielo se cruzan los aviones aliados que participan en la operación Frantic y en los sueños de libertad, el horizonte promete infinitas posibilidades.

Mala está cansada, pero poco a poco va recuperando la energía de la época en que acampaba en las Ardenas con Dolf Galant y sus compañeros de Hanoar Hatzioni y juntos soñaban con Palestina. Su prima Giza siempre ha dicho que la experiencia de la militancia sionista le entrenó mucho el sentido práctico. Todo vuelve. Birkenau no ha vencido; el futuro sigue ahí, en su lugar. Lo primero que hay que hacer es encontrar la manera de revelar el horror del *lager* a los líderes de la resistencia sionista y a los partisanos polacos y luego, una vez concluida la guerra, volver a empezar desde cero con Edek. Puede que fantasee con la idea de una familia; puede que arrincone el deseo de emigrar, porque el proyecto sionista es difícil de compartir con los que no son judíos; puede que imagine las dificultades que les pondrán sus respectivas conflictuales comunidades; puede que piense en regresar a Bélgica, terreno neutral para dos polacos como ellos, unidos por el amor y por el campo pero divididos por la religión, la cultura y la memoria. Y Charles. ¿Dónde estará Charles? Apenas hace dos años que no se ven, pero en esos dos años la historia ha arrasado la vida previa a su deportación. En realidad, desde el arresto de Mala, Charles ha contado los días hasta el 17 de junio de 1944, justo una semana antes de la fuga. Luego el vacío. En ese momento se encuentra en Malinas, lo han arrestado entre el 17 y el 20 de junio, y lo deportan a Auschwitz el 31 de julio.

El bosque que cubre las montañas es un amigo protector. Abajo, al otro lado del río, está la frontera entre la Gobernación General polaca y el Reich alemán, que Mala y Edek han cruzado dando la espalda a Birkenau. A lo lejos, entre los árboles, se entrevén aquí y allí los tejados de los pueblos de Melec, Kąty, Porąbka, Międzybrodzie. A la derecha, en el valle que no se vislumbra desde la ladera, está Bielsko, donde hay una famosa cárcel de la Gestapo.

Pasan los días. Giza —la prima de Mala— cuenta que en el campo ya se habla menos de ellos y la batalla cotidiana por la supervivencia vuelve a ser prioritaria. «Solo nosotras, un grupo reducido de amigas, seguíamos recordándolos. Confiábamos en que estuvieran lejos, en que, quizá, hubieran cruzado la frontera polaca». Caminar, mirar atrás, reposar el tiempo justo para recuperar el aliento, volver a ponerse en marcha. Mala y Edek llegan a Żywiec, que se encuentra apenas a unos treinta kilómetros de Kozy. Sin embargo, ellos atraviesan las montañas; a pesar de que llevan oro y piedras preciosas, no es fácil encontrar comida; tienen que caminar parte de la noche y esconderse cuando sale el sol; el tiempo que dura el camino se va alargando.

Hoy Żywiec —célebre sobre todo por la cerveza que lleva su nombre— está toda en obras. La antigua plaza de la iglesia fue pavimentada de nuevo hace unos años y el aumento de población —que ha alcanzado los treinta y dos mil habitantes— ha supuesto una incesante edificación en ambas orillas del río Soła. Las casas llegan incluso al bosque que, trepando por encima de los mil metros, franquea la frontera eslovaca. Aquí, en un punto indefinido, el 6 de julio de 1944 se hizo añicos el sueño de Mala y Edek.

En la biblioteca de Żywiec no conocen sus nombres. En cambio sí tienen documentados los últimos meses de la Segunda Guerra Mundial, cuando las banderas ondeaban con la cruz gamada en la plaza de fachadas estilo Habsburgo y los nazis usaban como prisión de paso para Bielsko un edificio que en la actualidad alberga las oficinas de la administración municipal. Entre septiembre y diciembre de 1940, los invasores alemanes deportaron de esta zona a más de diecisiete mil habitantes en el ámbito de la llamada Aktion Saybusch, un plan concebido para vaciar Polonia y establecer en ella inmigrantes alemanes. Prosiguieron en los años sucesivos. En los mapas de esa época que se conservan en el archivo de la ciudad, aparece la zona salpicada con numerosos puestos de control del Reich, un campo minado para dos fugitivos que, en caso de ser detenidos en uno de ellos, no podrían esconder el tatuaje que Mala tenía en el brazo. A pesar de ello, según escribió Edek a Kielar, no los encontraron las SS, sino una patrulla de aduaneros que vigilaba las montañas de Żywiec.

El arresto se ha narrado de mil maneras, el epílogo es digno de una leyenda. Dicen que Mala despertó las sospechas de un comerciante al que quiso comprar pan a cambio de unas joyas y que Edek, en lugar de escapar, se entregó para poder seguir junto a ella. También se cuenta que los apresaron juntos en un restaurante de Katowice o de Cracovia, donde alguien habría visto el tatuaje en el brazo de Mala. Otros relatan que Edek aún vestía el uniforme de las SS y que la presunta novia que lo acompañaba llamó la atención de sus compañeros. Hay quien dice que se perdieron en la frontera y que mientras trataban de orientarse despertaron la atención. Sin embargo, la versión más verosímil es la de Kielar, una de las últimas personas que estuvo en contacto con Edek después de que lo encerraran en el búnker 11 de Auschwitz I, el brazo de la muerte.

Es el jueves 6 de julio, la Segunda Guerra Mundial arrecia, Alemania golpea donde puede como un animal herido. Una semana más tarde, en Italia, los nazis matan en Cibeno a sesenta y siete partisanos, prisioneros en el campo de tránsito de Fossoli. Mala y Edek avanzan por senderos de montaña. Eslovaquia está a dos pasos y a sus pies se ven los tejados de Żywiec. Ella va delante, él la sigue a poca distancia. De repente aparece una patrulla de guardias de frontera que detiene a Mala. Edek se esconde entre los árboles y espera, pero cuando comprende que los agentes no la van a soltar sale para no dejarla sola. La primera etapa es, sin duda, la prisión provisional de Żywiec, donde de momento no son identificados. Después inician el viaje de retorno. Regresan a bordo de una camioneta alemana, pero esta vez recorren la ruta principal y atraviesan los numerosos centros habitados que han estado evitando en el viaje en sentido contrario: Czernichów, Bielsko, Czaniec, Kęty, Nowa Wieś, Hecznarowice, Bielany, Łęki y por último Oświęcim.

En Bielsko, en el austero edificio que sigue albergando una cárcel, los oficiales de la Gestapo comprueban sus datos y comunican al comandante del campo Josef Kramer que sus penas han terminado. Este lleva trece días asediado por sus superiores, que están furiosos, pero no tardará en recuperar a los dos evadidos. El 27 de julio de 1944 Kramer, exultante de satisfacción, envía a la oficina central de los grandes jefes nazis el telegrama de la victoria: Edward Galiński y Malka Zimetbaum han vuelto al *lager*. Su suerte está echada.

7

La ejecución

Un buen día las mujeres dejan de guiñarse el ojo entre ellas. Mala y Edek han regresado al campo, pero no para liberarlo. «Nos comunicaron que los habían cogido», recuerda la judía eslovaca Alica Jakubovic Roth. Ninguna puede asegurar a ciencia cierta si era lunes, martes, miércoles o jueves ni cuántas mañanas se despertaron confiando en los inagotables recursos de Mala antes de que sus castillos de naipes tristemente se derrumbaran; sienten que es el fin para todas.

En realidad, han pasado poco más de dos semanas. El tiempo que tardan en trasladar a los fugitivos de Bielsko a Birkenau y en que la noticia se propague por los barracones. Estamos a mediados de julio. A varios cientos de kilómetros de distancia, el coronel de la Wehrmacht Claus Schenk Graf von Stauffenberg ultima los detalles de un plan —fallido— para asesinar a Adolf Hitler y negociar con los aliados una paz que evite la debacle militar alemana.

Alemania tiene los días contados, pero Birkenau —donde en el periodo de máxima eficiencia hay encerrados ochenta mil prisioneros— parece un mundo aparte. En un par de noches, entre julio y agosto, las SS liquidan el *Zigeunerlager* —«el campo de los gitanos»—, casi tres mil personas, entre hombres, mujeres y niños, mueren en el Crematorio V. Los que habían apostado por Mally y Edziu se sienten perdidos.

«Todas llorábamos», recuerda Maryla Michałowska. En su libro, Fania Fénelon se detiene a describir con detalle la desesperación de las mujeres, que hasta ese momento han proyectado sobre Mala sus expectativas, sus deseos reprimidos, la necesidad de creer en una alternativa posible, como si esa fuga romántica hubiera podido rescatar en nombre de cada una de ellas la mortificación sistemática de los sentimientos más íntimos.

La furgoneta que transporta a Mala y Edek cruza la puerta dominada por la frase *Arbeit macht frei*, dobla a la derecha rodeando la cocina de Auschwitz I y se dirige hacia el fondo del campo, al famoso bloque 11, del que nadie sale vivo. El edificio de ladrillo rojo hoy en día lo visitan grupos escolares. Recorren varias celdas y la sala donde se celebraban los falsos juicios, que sigue igual –la mesa, las siete sillas de los inquisidores, el secreter con el teléfono antiguo–. Al lado se encuentra el paredón. Se trata de un muro al fondo de un patio al que asoman las ventanas selladas con tablas de los bloques 10 y 11. La praxis sumaria de las ejecuciones —que tenían que contar con la autorización formal de Berlín— debía ser rápida y sin testigos; nadie podía ver al pelotón cargando y disparando. Aun así, se oían los gritos angustiosos de los condenados, las súplicas, el llanto, las palabras de orgullo de los más temerarios quebradas por una ráfaga seca.

A veces las ametralladoras trabajaban ininterrumpidamente durante varias horas, como sucedió en el invierno de 1942, cuando, según cuenta una funcionaria del departamento de educación del Museo de Auschwitz-Birkenau, los prisioneros que pudieron mirar a través de las tablas clavadas a las ventanas vieron cómo la nieve se teñía de rojo.

Mala y Edek vuelven al campo madre, a los barracones en los que Edek ha pasado casi tres años. Muchos de los prisioneros que intentaron fugarse antes que ellos fueron atrapados y traídos de nuevo aquí, donde los obligaron a ponerse un vestido de payaso y un cartel irrisorio y los forzaron a desfilar, humillados, durante el recuento vespertino; los encerraron en el búnker 11, donde la sección política los interrogó y los juzgó. Al principio, los cómplices pagaban también por las evasiones, pero a partir de 1943, cuando la guerra empieza a ir mal para los alemanes, estos olvidan la *responsabilidad colectiva* y se concentran en los castigos ejemplares. Y Mala y Edek son dos prisioneros que deben castigar de manera ejemplar.

¿Los matarán? Kielar realiza las tareas cotidianas como si estuviera en trance. Se siente responsable por haber dejado a su amigo solo con Mala, debería haber imaginado que no irían muy lejos, pero fantasea aún con un final feliz, separando el destino de ambos, porque en realidad Edek no es judío y los alemanes últimamente se ensañan menos con los prisioneros políticos.

Los interrogatorios de la Gestapo tienen lugar en el barracón de madera que está a medio camino entre el Crematorio I —donde se encuentra la primera cámara de gas— y la vivienda familiar de Rudolf Höss, el mismo sitio en el que este será ahorcado el 16 de abril de 1947. Pocos salen de allí por su propio pie, pero nunca se sabe. Las primeras noticias que Kielar recibe de Edek sobre lo sucedido durante el arresto no son pésimas. «Edek me escribió que habían sido arrestados por una patrulla de frontera en las montañas de Żywiec y que los llevaron a Bielsko, donde los identificaron. Al principio las SS no los trataron mal, querían obligarles a hablar, querían saber quién los había ayudado. Contaba que a Mala incluso le habían dado café y tarta. Como era judía, en su caso no había muchos motivos para el optimismo, pero yo aún abrigaba cierta esperanza respecto a Edek». No obstante, cuando llega el segundo mensaje la situación ha empeorado. «Estaba mucho más deprimido. La policía política ya no jugaba, lo habían golpeado en las plantas de los pies con un bastón metálico. Edek decía que las SS tampoco se andaban ya con delicadezas en el caso de Mala».

El inquisidor es Wilhelm Boger, *el tigre de Auschwitz,* el famoso oficial nazi encargado de reprimir la resistencia en el interior del campo. Fue célebre por recurrir sistemáticamente a la tortura con métodos como *el columpio de Boger,* consistente en colgar a los prisioneros de una barra de hierro con los tobillos atados a las muñecas hasta que la sangre deja de circular. Boger mata lentamente, con sadismo, sin inmutarse, y muchas de sus víctimas intentan suicidarse después de las primeras sesiones de tormento. Mala y Edek se alternan con él, pero guardan silencio, no dan ningún nombre, no hablan, no revelan cómo obtuvieron el uniforme de las SS. No convocan a nadie más. Una vez recibido el *tratamiento*, vuelven a los subterráneos del bloque 11, donde se encuentra Jakub Kozelczuk, un *kapo* conocido como *Jakub el Grande* o *el Verdugo* por el papel que desempeña en las ejecuciones. A diferencia de otros *kapos*, Jakub ejecuta las órdenes pero no se ensaña con los prisioneros. Al contrario. Y Mala y Edek le gustan. Son valientes, leales, no se doblegan. Puede que incluso le den oro. Él los ayuda, remedia la escasez de las raciones de comida, lleva mensajes de una celda a otra para que puedan comunicarse que siguen vivos. Gracias a Jakub, Mala y Edek saben que caminan juntos hacia la muerte. La evasión ha fracasado, pero resistiendo a la tortura han privado a los nazis de la última victoria.

«Al finalizar la Segunda Guerra Mundial, el mundo conoció el largo camino de dolor, de los guetos a las cámaras de gas, que habían recorrido seis millones de judíos, pero aún sabe poco o incluso nada sobre la otra cara del Holocausto, la resistencia judía, es decir, sobre cómo y cuándo los judíos reaccionaron contra sus asesinos», escribe Yuri Suhl en el voluminoso *They Fought Back*. Durante mucho tiempo ha prevalecido la idea de que los judíos se habían resignado a su destino. «¿Por qué se dirigían hacia la muerte como corderos camino del matadero?», se preguntaba Hannah Arendt en 1963, cuando describió la resistencia judía como «miserablemente reducida, increíblemente débil y fundamentalmente inocua». En opinión de Suhl, Mala Zimetbaum —una combatiente, aunque solitaria, valerosa, capaz de salvar la vida de cientos de prisioneras— es una de las numerosas pruebas que contradicen la narrativa dominante. Mala resiste hasta el último momento: el amor que siente por Edek la exalta como mujer, pero jamás la aparta del doble objetivo de ayudar a las demás y revelar al mundo el exterminio. Tarde o temprano, los alemanes morirán también; ella combate por la vida.

Pasan los días. Las compañeras de Mala siguen en Birkenau y las noticias corren fragmentadas, imprecisas, de forma discontinua. Quienes trabajan en la sección política, como Lilly Majerczys, saben algo más. «Los interrogatorios se realizaban en nuestro departamento. Mala no reveló ningún nombre. Hablábamos con ella de un lado a otro del pasillo, aunque estaba terminantemente prohibido». Jenny Spritzer, que también está empleada en la oficina responsable de los interrogatorios, ve una mañana a Mala esperando su turno y esta le dice que ha comido bien y que está preocupada por sus amigas. Cuando le toca entrar, Jenny la sigue con la mirada. «Boger le preguntó: "¿Por qué escapasteis?". Mala respondió: "Quería ser libre y no volver a ver a miles de seres humanos, incluso niños inocentes, entrando a diario en la cámara de gas"». Según la francesa de origen ucraniano Dounia Ourisson —una de las intérpretes de la oficina de Boger—, Mala reacciona con mayor dureza. En tono cínico y paternalista, Boger trata de explicarle que el número de muertos solo depende de las condiciones extremadamente duras del campo, del trabajo, del clima y de la higiene. Mala, que no es más que una sombra descolorida de aquella joven y atractiva recadera de tan solo unas semanas atrás, se rebela y alza la voz, porque ya no tiene nada que perder: «Sabemos que matáis a miles de personas al año en la cámara de gas. Yo y los que viven en los bloques tenemos delante el horno crematorio. Hemos visto mujeres jóvenes y guapas, niños, hombres robustos. Entran en las cámaras de gas y al cabo de un cuarto de hora sus cadáveres son arrojados a las fosas para quemarlos, porque los hornos crematorios no dan abasto».

Edek logra comunicar una vez más con Kielar, ya sin ninguna esperanza. Repite que Mala es muy valiente, insiste en que quiere que Lubusch y los demás sepan que ha guardado silencio, dice que los dos esperan la sentencia sin la menor esperanza, pero que no permitirán que los alemanes los maten. Jenny Spritzer se cruza con él después de un largo interrogatorio. Su aspecto es terrible: tiene la cara ensangrentada y un ojo hinchado y morado, pero anda por su propio pie. Sonríe, es el mismo hombre que hasta hace unas pocas semanas se entretenía encantado en el campo femenino. Les pide a las chicas que manden de su parte un beso a Mala y añade que está bien; quiere que ella sepa que se encuentra sereno.

Los prisioneros se susurran la escasa información de que disponen. Mala y Edek están condenados, pero mientras esperan que llegue la orden de Alemania sufren un tormento extremo por haber aprovechado su posición privilegiada para desafiar a los dioses. Los dioses no perdonan. Al igual que Lilly Majerczys y Jenny Spritzer, también Raya Kagan trabaja en el departamento político, la oficina de la Gestapo, y ve pasar a los dos desde su mesa. «Nuestro bloque estaba cerca de un pequeño crematorio que, por aquel entonces, ya no funcionaba y se usaba para los interrogatorios. Wilhelm Boger, que había inventado su propio tipo de tortura, era el que más lo utilizaba. Llevaba allí al polaco Edek después de torturarlo de forma espantosa. Un día vi a Mala y le pregunté cómo estaba. Se encontraba en un pequeño barracón donde la gente esperaba a que la interrogasen. Serena e irónica, me respondió: "Yo siempre estoy bien"; lo dijo en alemán: *Mir geht es immer wohl*».

El mes de julio pasa dejando tras de sí las últimas ambiciones del Tercer Reich. En pocos días las tropas del general Omar Bradley derriban el frente alemán en Normandía, el Ejército Rojo libera Leópolis y llega al campo de exterminio de Majdanek antes de que los nazis puedan borrar todas las huellas, las columnas acorazadas estadounidenses entran en Bretaña. Un mes más y los aliados marcharán triunfalmente en París. El 31 de julio sale de Malinas el último convoy belga en dirección a Birkenau. Dos días después, el 2 de agosto de 1944, junto a cientos de deportados, las SS registran con el número B tres mil seiscientos diecinueve el nombre de Charles Sand, el amigo de Mala.

Mala aguarda la sentencia en la oscuridad húmeda y maloliente del búnker 11, donde un laberinto de pasillos la separa de Edek. Es una estructura de reclusión reservada a los hombres, con celdas normales de dos por dos metros y celdas de castigo durísimas, como la número veintidós, que no tiene ventanas, o la veinte, en la que solo se puede estar de pie. No obstante, aparte de a los prisioneros, también encierran a las mujeres acusadas de hechos graves. Mala está aquí y comprende lo que eso significa. Logra contárselo a Giza en un mensaje clandestino, como los que Edek manda a Kielar. «Sé lo que me espera. Estoy preparada para lo peor. Sé valiente y recuerda todo». El recuerdo obsesiona a Mala. Tiene las horas contadas y pide a su prima que lleve a cabo lo que consideraba su misión: contar al mundo el horror de Auschwitz. El 21 de julio de 1944, mientras se decide la suerte de Mala Zimetbaum y Edek Galiński, Jerzy Bielecki escapa de Birkenau con su novia Cyla Cybulska —una joven judía a la que ha conocido trabajando en el almacén de cereales del subcampo de Babice—. Bielecki es un prisionero político polaco que llegó a Auschwitz el 14 de junio de 1940 con el primer transporte, igual que Edek. Sus historias se superponen. La dinámica de la evasión es similar: él viste un uniforme de las SS y sale del campo seguido por ella tras enseñar un salvoconducto falso. Jerzy y Cyla, sin embargo, lo consiguen. Se arrastran durante diez días por la campiña hasta llegar a la casa de Bielecki en Przemęczany y luego él se reúne con los partisanos del Armia Krajowa. Parece el preludio de algo, pero no es así. En los meses sucesivos se pierden: creyéndolo muerto, Cyla viaja a Estados Unidos y Jerzy funda una familia en Polonia. Ellos, que habrían podido ganar la apuesta de amor de quienes los habían precedido en la fuga, solo volverán a verse muchos decenios después, cuando ya es demasiado tarde, cuando son demasiado ancianos y llevan unas vidas demasiado distantes.

Mala y Edek pasaron juntos trece días de libertad, un soplo de eternidad. Es lo que Mala le dice a su amiga Lilly Majerczys cuando se cruza con ella entre un interrogatorio y otro y esta le pregunta si está arrepentida de haberse fugado. «Si tuviera otra oportunidad, volvería a hacerlo. He sido muy feliz durante tres semanas». Edek piensa lo mismo. Lo demuestra escribiendo en las paredes de las celdas por las que pasa sus nombres, «Galiński Edward y Mally Zimetbaum», los números de registro, «quinientos treinta y uno y diecinueve mil ochocientos ochenta» y el día del arresto, «6 de julio de 1944».

Una mañana de noviembre de 2015, el guardia baja las escaleras angostas del búnker 11 buscando entre las llaves del enorme manojo que lleva enganchado a la cintura. Es pronto. En el aparcamiento del Museo de Auschwitz aún hay pocos autobuses. Los estudiantes vacían sus mochilas y sus bolsillos para pasar por el detector de metales que se encuentra antes de las taquillas. Solo hay varias celdas abiertas. Aquellas en las que Edek fue recluido no lo están. El espacio es estrecho y los visitantes demasiado numerosos. Las celdas del fondo son parecidas y el dolor de Edek es una gota en el océano del mal.

La celda número dieciocho se encuentra casi al final de un pasillo, antes de la veintidós, donde los prisioneros morían ahogados cuando se obturaba el respiradero. En el centro se encuentran los cabos de las velas que durante decenios han recordado al padre Maximiliano Kolbe, el franciscano polaco al que mataron aquí mismo el 14 de agosto de 1941 cuando ofreció su vida a cambio de la de un padre de familia que estaba destinado al búnker 11. Hay también una vela más grande que las demás, la encendió el papa Juan Pablo II. La celda dieciocho lleva varios años cerrada porque tienen que restaurarla. Las llamas han tiznado las paredes y se respira un olor acre. Según se entra a la izquierda, a casi un metro y medio del suelo, están sus nombres, Edward y Mally, un trazo sutil pero profundo excavado con paciencia en las largas horas de encierro. El guardia explica que cuando terminen de limpiarla las palabras se verán claramente, sin dificultad. Hay otras parecidas en las celdas diecinueve, veinte, veintiuno y veintitrés. Una señal en cada etapa del camino de Edek hacia la horca.

Cuando los dos prófugos llegan al búnker 11, Bolesław Staroń lleva allí encerrado varias semanas sin comer por haber contrabandeado medicinas; está en los huesos. Tiene veinticinco años, la edad de Mala. La cadena de la celda se abre y empujan dentro a Edek. Pasan juntos varios días, los dos proceden de Jarosław. Bolesław lo observa con la desconfianza con la que se escudriña a los desconocidos en el campo, luego rompen el hielo. «Me contó que los habían apresado en la frontera eslovaca. Mala quiso comprar comida con el oro que llevaban y la habían descubierto. Él habría podido escapar, pero le había prometido que no se separarían y se había entregado. Le dije que deberían haberse separado y me dio la razón, pero estaban realmente enamorados. Edek era guapo, es lógico que gustara tanto».

La convivencia en la celda ayuda a ambos prisioneros a comprender la condición en la que se encuentran. Bolesław ve en Edek su propia imagen reflejada como si se mirara en un espejo. «En ese periodo me sometieron a tres interrogatorios, pero Edek pasó por más. Cuando llegaban nunca sabías a quién le tocaba, debí de despedirme una docena de veces. Volvíamos ensangrentados. Al principio estuvimos solos en la celda veinte, luego llegó un joven judío que era oficial del ejército checoslovaco, Nikolaus Engel. Charlábamos. Pasamos un mes completamente a oscuras, la luz solo se encendía cuando entraban los SS con la comida. Un día nos sacaron y nos llevaron al paredón, la luz nos deslumbraba. Pensamos que nos iban a fusilar, pero no fue así, porque al cabo de un rato nos volvieron a llevar abajo. Todas las noches después del recuento, Edek se acercaba a la ventana y cantaba una melodía italiana, una serenata. Fuera reinaba el silencio, él iba allí y cantaba; tenía una voz bonita que retumbaba. Cantaba para que Mala supiera que seguía vivo». La melodía se filtra por los resquicios abiertos en el patio de los fusilamientos y rebota de una rendija a otra. Los prisioneros la oyen, la recuerdan sumamente triste y diferente de los ruidos angustiosos de los camiones donde viajan los condenados a la cámara de gas.

Bolesław y Edek intiman, tienen la impresión de haber pasado mucho tiempo juntos, a pesar de que solo fueron unas cuantas semanas. «En una ocasión, poco antes de que me liberasen, Jakub, que había llevado ya algunos de sus mensajes, organizó un encuentro con Mala. Fue después del recuento. Edek salió de la celda, pero no sé a qué parte del bloque 11 fue. No tardó mucho en volver. Estaba triste, me dijo que había visto a Mala, pero que no quería hablar sobre eso. Esa noche empezó a dibujar una cara en la pared; creo que era ella, pero no la terminó. Era capaz de hacerlo incluso a oscuras. Confiaba en que Jakub pudiera salvarlos, porque este solía sobornar a las SS con oro y brillantes y yo sabía que Mala y Edek le habían dado».

Jakub hace todo lo posible, pero no puede salvarlos, nadie puede. Son condenados a muerte sin apelación. En 1952, el hermano de Mala, Salomon, en el curso de una declaración ante la policía de Amberes cuyo objetivo era que su hermana fuera reconocida como prisionera política, contó que había recibido una tarjeta postal de ella fechada el 16 de agosto de 1944, la última antes de que volvieran a arrestarlo en Bélgica.

Una tarde entre finales de agosto y principios de septiembre, las SS llevan a los dos fugitivos a Birkenau. No han sacado nada de ellos, pero quieren matarlos allí, donde están sus compañeros, sus amigos y con toda probabilidad sus cómplices.

Mala y Edek son algo más que dos evadidos a los que han vuelto a capturar. A pesar de que el Tercer Reich está a punto de caer, Auschwitz sigue matando. Pero los que conocen en el campo su historia, el amor, la fuga, la esperanza de denunciar el exterminio, las torturas inútilmente profusas con la esperanza de eliminar a la resistencia saben que existe otra vía posible. Por eso se habla tanto de ellos en los barracones. Por eso se seguirá hablando durante semanas después de la doble ejecución, a la que asistieron miles de prisioneros y a la que otros creen haber asistido, pese a que no fue así.

Esta tuvo lugar el 22 de agosto, otros dicen que el 21 o el 24, puede que incluso más tarde, el 15 de septiembre. Los recuerdos de su muerte coinciden, los detalles y las fechas no. En el certificado de muerte que recibieron la hermana de Mala, Jochka, y el hermano, Salomon, en los años cincuenta y en la placa que hay en la casa de Mala en Amberes figura el 22 de agosto de 1944, pero muchos supervivientes, entre los que se encuentra Kielar, hablan del 15 de septiembre, justo dos años después de la llegada de Mala a Birkenau. Para ser más exactos, los historiadores de Auschwitz sugieren que fue entre mediados de agosto y mediados de septiembre. Sea como sea, estamos a finales del verano de 1944, cuando, según escribe el historiador Raul Hilberg, «se quemaban incluso veinte mil cadáveres al día». En Varsovia se recrudece la revuelta y el 2 de octubre, al cabo de dos meses de sangrientos enfrentamientos casa por casa, los alemanes, derrotados ya por la historia, arrasan la ciudad rebelde y dan a Polonia el golpe de gracia con la complicidad de los enemigos del Ejército Rojo, que esperan al otro lado del Vístula.

Está anocheciendo y Birkenau recibe la cálida luz del atardecer. Las prisioneras regresan del trabajo arrastrando sus cuerpos vacíos, como viejos sacos. La orquesta toca la habitual marcha en el rincón que se encuentra entre la entrada del sector femenino y la Lagerstrasse, las intérpretes recién deportadas aún no se han acostumbrado a esa tarea feroz que, sin embargo, les salva la vida y lloran mientras sus dedos se deslizan por los instrumentos. Las centinelas y los *kapos* golpean al azar, las SS están preparadas para el ritual recuento de los vivos y los muertos.

Mala está allí consumida, con la cara marcada por el encierro y las torturas, de pie al lado del alambre de púas que hay al lado de la explanada principal del sector BIa. Giza la ve, no puede hablar, hace menos de dos meses la abrazó deseándole buena suerte y entretanto solo ha recibido un mensaje desalentador del búnker de la muerte. «Era el 22 de agosto, esta vez no faltaba nadie en el recuento. ¿Por qué la habían llevado a Birkenau? No había ninguna horca, así que nos consolamos pensando que, quizá, se limitarían a humillarla y que luego la enviarían a un comando de castigo. Después del recuento, uno de los jefes de los vigilantes gritó que todos los judíos debían ir al campo B. Fuimos, yo me puse en primera fila. Deseábamos que Mala nos viera y que supiese que queríamos verla. No entendíamos nada. Mala avanzó orgullosa con la cabeza bien alta. Detrás de ella iba el SS Johann Ruiters. Le ordenó que se detuviera a pocos pasos de nosotras. Ella nos miraba, pero tuve la impresión de que no nos veía, la expresión de sus ojos era vaga y distante. Llegó Mandel, leyó algo que no comprendí, no la escuchaba».

«La ejecución de Mala debía servir de ejemplo para evitar otros posibles intentos de evasión», escribió el fiscal general Gideon Hausner en el proceso Eichmann. Es muy posible que Mala fuera consciente de ello. «Sabía que, de una manera u otra, debía morir fusilada, ahorcada o quemada. No quería seguir viva en manos de ellos. Pobre Mala, nuestra grande, buena y valiente Mala», dice Suzanne Birnbaum. No hay un final feliz, el círculo se cierra en los días en que Amberes es liberada por la decimoprimera división británica y Salomon Zimetbaum sale de la cárcel en que los alemanes lo encerraron por segunda vez el 16 de agosto de 1944 acusado de activismo comunista.

La escena se ha narrado desde numerosos puntos de vista, a veces muy diferentes entre ellos. Primo Levi habla también de ella en el libro *Los hundidos y los salvados* cuando menciona el trágico epílogo de la empresa de Mala Zimetbaum, «generosa, valiente, había ayudado a muchas compañeras y todas la querían». Lo que es seguro es que en ese momento en la explanada principal del campo femenino hay una infinidad de prisioneras alineadas en semicírculo. Están la comandante Maria Mandel, Johann Ruiters y Drechsel, la que más se ensaña contra su antigua protegida, porque todos la culpan de haberle concedido demasiadas libertades. La judía Mala había escapado gracias a los privilegios que tenía y, quizá, sacó documentos que demuestran el exterminio, así que deben castigarla de la manera más mortificadora y brutal posible, hay que destruir su icono.

Raya Kagan recuerda a Mandel pidiendo para Mala un castigo espectacular. Alica Jakubovic Roth dice que amenazó con quemarla viva. Las mujeres escuchan apesadumbradas, rezan, algunas se muerden los labios para no llorar, muchas temen que la represalia culmine con una selección indiscriminada, porque corre el rumor de que solo se ha convocado a las judías para que presencien la ejecución. No todas han visto a Mala, quien, según dice Fania Fénelon, que se encontraba en una de las primeras filas, estaba *cubierta de sangre:* las que se han quedado rezagadas se preguntan unas a otras qué está pasando.

Maria Mandel empuña un folio de papel e intenta contener la satisfacción que siente mientras pronuncia en tono solemne la acusación. Suzanne Birnbaum escucha sumamente apenada mientras piensa que nadie puede ayudar a Mala, que ha hecho tanto por sus compañeras. «Mandel nos leyó un discurso: "Judías, esta noche os mostraremos el ejemplo de la prisionera Mala, que quiso escapar pero la hemos vuelto a capturar. Asistiréis a su ahorcamiento. Judías, a menos que queráis correr la suerte de Mala, no intentéis escapar. Trabajad, estad tranquilas y no os haremos daño"». Cientos y cientos de ojos hundidos vagan de la condenada al crematorio que, a sus espaldas, sigue quemando cuerpos noche y día.

La partisana francesa Marceline Loridan-Ivens, que fue deportada el 13 de abril de 1944 en el mismo convoy que Simone Veil, es uno de los pocos testigos que aún siguen con vida. Pese a que no se relacionó directamente con Mala, la considera una heroína del campo y habla de ella en su último libro *Y tú no regresaste.* De todo lo sucedido, la escena de su muerte es la que vuelve de forma cíclica a su mente más de setenta años después. «Jamás había visto a Mala antes de la noche de la ejecución, pero había oído hablar de ella, en el campo la querían mucho. Recuerdo también la noche en que se fugó, porque nos castigaron a todas. Convocaron a las judías delante de sus bloques y el recuento duró casi toda la noche. No sé si estábamos de pie o de rodillas, pero nos contaban una y otra vez. Nos alegrábamos por ella; la mayoría de nosotras no la conocía, pero sabíamos que había ayudado a muchas prisioneras a evitar la cámara de gas, así que esperábamos que la fuga con el ario le saliera bien. Luego nos olvidamos de ellos. Nuestro estado era lamentable, trabajábamos y vivíamos duramente. Queríamos contar al mundo el exterminio, pero sentíamos que estábamos destinadas a morir y nos preguntábamos si saldríamos por la puerta o por la chimenea. Tres semanas más tarde los atraparon y los encerraron en la cárcel de Auschwitz, de cuyo horror solo supe años más tarde. Luego llevaron a Mala a Birkenau para ahorcarla».

Marceline Loridan-Ivens, documentalista, escritora y activista política, es una mujer peleona que no ha perdido su carácter rebelde con la edad y que al día siguiente de la masacre de *Charlie Hebdo* se preguntaba en tono provocador en la radio cuántos franceses habrían salido a la calle si solo se hubiera tratado de las víctimas del supermercado *kosher*. Cuando llevan a Mala al lugar de la ejecución, ella está en primera fila. «Habían mandado a las arias a sus bloques y a las judías nos habían reunido en la plaza del *lager* B. Mala llegó en un carro arrastrado por otras prisioneras. Iba vestida de negro y llevaba las manos a la espalda. El comandante Kramer gritaba anunciándonos lo que nos sucedería si nos escapábamos. Repetía que fuera nadie nos creería, pero que, en cualquier caso, ninguna de nosotras saldría viva del campo. Había también otro alemán que insultaba a los judíos. En ese momento empecé a ver la sangre goteando en la tarima. Los SS estaban hablando y no se daban cuenta, puede que alguien hubiera dado a Mala la hoja de una navaja y ella se hubiera soltado las manos para cortarse las venas. Luego se dieron cuenta, uno de ellos se volvió y le agarró un brazo. Ella lo golpeó en la cara y después nos dijo en francés: "Escapé para contar al mundo lo que está sucediendo a los judíos. No lo conseguí, pero la guerra terminará pronto, debéis seguir con vida para dar vuestro testimonio". Recuerdo perfectamente ese momento, nos obligaron a volver a nuestros bloques, de donde nos prohibieron salir, y luego no supe nada más. Pero fue un momento de gracia, ella dándonos esperanza y suplicándonos que resistiéramos para contar lo ocurrido mientras los húngaros morían en la cámara de gas».

Varios testimonios aluden a que habría una horca en medio del semicírculo formado por las mujeres al lado del bloque 4 —entre la sauna y la cocina, en el centro del sector femenino—. Otras mujeres, como la ciega Katarina Grunsteinova Feldbauer, no recuerdan ese detalle. Según Anna Palarczyk, la leyenda del patíbulo se difundió a través de Wiesław Kielar después de la película de Wanda Jakubowska. Esta fue una directora de cine judía, comunista y polaca que en la posguerra dirigió una densa trilogía sobre Auschwitz, cuya primera película, *Ostatni Etap* («La última etapa»), fue rodada en 1946 en el campo recién liberado y termina con el ahorcamiento de Mala Zimetbaum.

En realidad, hubiera o no una horca preparada, por lo visto Mala no muere con la soga al cuello. «Mientras Mandel hablaba, Mala, que estaba allí con la cara amarilla, hizo un pequeño gesto y de improviso se cortó las venas de la muñeca izquierda», cuenta Ewa Feldenkreis. Feldenkreis reconstruyó la escena en un dibujo que se conserva en el Museo de Auschwitz: a la derecha se encuentra Maria Mandel, a la izquierda Johann Ruiters y en el centro, un poco adelantada, está Mala, con la cara vuelta hacia las prisioneras, pendientes de todas sus expresiones. Ruiters, que ve las facciones contraídas de las mujeres, intuye que algo anómalo está sucediendo y se precipita hacia Mala. Le agarra violentamente los brazos y luego le golpea la cabeza con el revólver. A Wanda Marossyani le parece oír el ruido de los huesos rompiéndose con los golpes.

Giza sigue atentamente cada momento: las manos de Mala rebuscando en el pelo, la navaja brillante entre sus dedos, el movimiento firme sobre la delgada muñeca. «Ruiters nos vio y comprendió al vuelo. La agarró por detrás y ella se volvió y lo abofeteó. Él gritaba: "¿Quieres ser una heroína? ¿Quieres matarte? ¡Nosotros debemos matarte, es nuestro trabajo!"». Mala pierde sangre, se tambalea mientras Ruiters la sacude, se agita. La prisionera de Bratislava Alzbeta Hellerova y su amiga Zosia Gromska se fuerzan mutuamente a no desviar la mirada para que no deje de crecer su odio a los verdugos. Aún no ha terminado.

Las prisioneras permanecen inmóviles en sus puestos, petrificadas. El resto de la historia se acelera *in crescendo*. Los SS no pueden tolerar la rebelión extrema del suicidio, hay que detener la hemorragia. Ruiters, que según algunos prisioneros tiene la cara manchada con la sangre de Mala, debe vengar la afrenta. Los *kapos* ordenan a las prisioneras que rompan filas. El caos se multiplica, vuelan insultos fuertes. Las enfermeras corren de un lado a otro con vendas para salvar —aunque solo sea momentáneamente— a la condenada a muerte. Mala, cada vez más débil, se desploma. Se levanta y vuelve a caer como una marioneta desarticulada. Por último, pronuncia unas frases que todas las testigos absorben y luego cada una evocará a su manera. ¿Puede hablar aún? Algunas juran que sí. Giza la recuerda gritando: «Asesinos, ¡pagaréis por esto! No temáis, chicas. El final está cerca. Lo sé porque he sido libre». Según cuenta Louise Alcan, se dirigió a sus compañeras con estas palabras: «¡No os rindáis! ¡No lo olvidéis nunca!». Fania Fénelon enfatiza su tono épico dirigido a un cielo crepuscular: «¡Rebelaos! ¡Sois muchas! ¡Atacadlos!». El fiscal general israelí Gideon Hausner observa que toda *la saga de Auschwitz* se encuentra en las últimas palabras de Maya tal y como Raya Kagan las refirió en el proceso Eichmann: «Yo muero como una heroína, vosotros moriréis como perros». Otras, por último, la describen en un estado tan lamentable que solo a duras penas balbuceaba unos sonidos incomprensibles.

«Por aquel entonces se moría valerosamente, los polacos invocaban Polonia y los comunistas la victoria», dice Anna Palarczyk. Asiste de cerca a los últimos instantes de Mala: el enfrentamiento con las SS, el carro arrastrado por sus compañeras que la lleva al crematorio. ¿Llegó consciente a la chimenea donde habían ardido sus padres, sus sobrinos, su historia? Ewa Feldenkreis sostiene que a lo largo del trayecto hablaba con sus compañeras, que lloraban, y les repetía que debían estar tranquilas porque el rescate era inminente.

Se cuenta que antes de que la quemaran ingirió un veneno que llevaba escondido. O que un SS, movido por la compasión, le dio una dosis, o incluso que le disparó. Sea como sea, murió. Anna Palarczyk siempre se ha mostrado convencida de que, si no hubiera escapado, habría podido sobrevivir.

El final de Mala Zimetbaum es vago, confuso, mítico. «Se había convertido en un personaje tan famoso que su muerte fue evocada después incluso por los que no la habían conocido directamente, incluso por muchas supervivientes que no estaban en Birkenau en ese momento, porque cualquiera del campo que hubiera asistido a la ejecución de una mujer valiente pensaba que se trataba de Mala», explica Kazerne Dossin, funcionaria del Centro de Documentación y Museo del Holocausto.

Si el hecho es pura crónica periodística, las circunstancias en las que tuvo lugar se tiñen de ficción. La horca. La navaja que le procuró el *kapo* Jakub el Grande o una compañera eslovaca. Las prisioneras de religión judía convencidas de que fueron las únicas a las que obligaron a asistir al espectáculo de la venganza cuando la violinista *aria* Helena Dunicz-Niwińska —sentada en el sofá de su pequeño apartamento de la periferia de Cracovia donde acaba de cumplir cien años— jura que ella también presenció la muerte de Mala. Helena fue deportada el 30 de septiembre de 1943 con su madre, acusadas de haber albergado a varios miembros de la resistencia en su casa de Leópolis. No conocía personalmente a Mala, explica, pero esa noche de verano estaba allí, en la explanada del campo femenino, una más entre las miles de espectadoras. Escuchó la sentencia pronunciada en medio de un silencio sepulcral, percibió la conmoción de las prisioneras y recuerda también la noticia de que Edek Galiński había corrido la misma suerte.

Edek se despide mentalmente de Mala mientras recorre con sus carceleros el camino que va de Auschwitz I a Birkenau. El destino lo aguarda en el sector masculino, el BIId, el más próximo a las chimeneas. Según parece, muere el mismo día que Mala, pero también en su caso los testimonios son contradictorios. ¿Fue el 15 de septiembre de 1944, cuando fueron ejecutados también otros cinco condenados: Józef Jasiński, Lucjan Adamiec, Nikolaj Andrete, Iwan Rudeczko y Mieczysław Borek? ¿El 22 de agosto? Las prisioneras que presenciaron la muerte de Mala recuerdan un segundo recuento interminable, eco de aquel en el que ellas, vacilantes, estuvieron alineadas, un tantán infinito que retumba al otro lado del campo como una señal, el réquiem por Edek Galiński.

El paisaje ha cambiado. Ya no se trata de la celda del búnker donde espera a oír el ruido de la llave girando en la cerradura por última vez ni de los pasillos que ha recorrido interminablemente para acudir a los interrogatorios de Boger. Ahora la mirada de Edek abarca los bloques, entre los cuales se reunió con ella durante un año y trazó con Kielar el plan de fuga, el campo de los gitanos ya vacío, el alambre de púas electrificado más allá del cual está la libertad que, aunque haya sido tan solo por un momento, ha podido saborear. Mala está cerca, los dos se encuentran en Birkenau.

Esa noche reúnen a los hombres en la explanada que se encuentra entre las cocinas y la balsa para los incendios, donde lo espera el verdugo ya preparado. La noche anterior Kielar no ha pegado ojo, dice que ha soñado con la ejecución de Edek; no logra quitarse de la cabeza el último mensaje de su amigo, en el que le promete que los nazis no lo tendrán vivo. ¿Qué piensa hacer? Kielar se abre paso entre los prisioneros, llega a la primera fila, quiere acercarse lo más posible al barracón donde está Edek. Al cabo de un rato, los SS abren la puerta. «Reinaba un silencio absoluto. Solo se oía crujir el adoquinado bajo los pies de Edek, el hombre condenado que caminaba hacia la horca y hacia el verdugo Jupp. Quería que me viera. Él avanzaba pálido, con la cara hinchada, y escrutaba la multitud buscando caras conocidas. Estoy seguro de que me buscaba. Yo estaba allí. Edek pasó tan cerca de mí que casi me rozó, habría bastado un susurro. Edek se habría vuelto. Pero no sé qué me ocurrió. Estaba como paralizado. Y él pasó a mi lado sin verme».

Edek camina con las manos atadas a la espalda con un alambre, deja atrás a sus compañeros, sube solo al patíbulo. Las SS gritan: *Achtung!* («¡Atención!»). Un oficial empieza a leer la sentencia en alemán. El protocolo prevé una segunda lectura antes de la ejecución. Edek aprovecha el momento. Mete rápidamente la cabeza en la soga y tira de una patada el taburete que tiene bajo sus pies. Kielar comprende: los nazis no lo tendrán vivo. Se desencadena un pandemonio. Edek se balancea como un muñeco, pero sigue con vida. Las SS ordenan al *kapo* Jupp Windeck que afloje la cuerda y que baje al ahorcado, no puede matarse mofándose así de las autoridades del campo. Hay que leer cuanto antes la sentencia: repite la versión alemana de un tirón e inmediatamente la polaca. Edek inspira y, mirando a sus compañeros, grita: «¡Larga vida a Po...!», pero Jupp lo interrumpe y aprieta el nudo corredizo. La palabra *Polonia* se apaga en los labios lívidos de Edek y su cuerpo se contrae, se extiende, se balancea en el vacío.

En la explanada todos se quedan petrificados. Algunos se quitan la gorra en señal de respeto mientras los vigilantes gruñen a los rebeldes. Zdzisław Lubowicki, el número ciento veintiún mil quinientos diecisiete, recuerda a los SS agitados, proyectando su ansiedad sobre los prisioneros. «Fue terrible. Estábamos rodeados por los SS, que nos habían sacado de los barracones a toda prisa. Galiński gritó: *Jeszcze Polska nie zginęła* ("Polonia aún no ha desaparecido")». Al igual que Mieczysław Jamka, muchos aún se sienten fascinados por el epílogo de una historia que desconocen, pero cuya potencia épica perciben.

Wiesław Kielar llora como un niño. Pasan los minutos, la reunión se disuelve a toda prisa, igual que fue convocada. Los prisioneros se desperdigan por los bloques. Antes de que pueda coger la taza de vodka que le ofrecen sus compañeros, alguien entra a buscarlo. «Me explicaron que querían verme en la oficina del director, que no debía temer nada, que solo querían darme las cosas de Edek». Cuando llega allí encuentra a Jupp Windeck —el *kapo* que había atado las manos a Edek— y al *Rapportschreiber* Kazimierz Gosek. «Gosek me dijo que mi amigo había muerto y que si yo hubiera escapado, como pretendía hacer, también habría acabado mal, pero que no debía preocuparme, porque Edek no me había delatado». Kielar percibe respeto en las palabras que oye pronunciar al otro lado de la mesa. En el fondo, Edek ha protegido a sus cómplices desafiando la tortura y la muerte, mientras algunos SS son capaces de vender su uniforme a los prisioneros por un poco de oro. Quizá por eso Jupp le entrega un paquete en el que aparecen los nombres de Mala y Edek escritos en la hoja de un periódico alemán, un mechón de pelo de él y un largo rizo de ella. La última voluntad de Edek es que su amigo conserve todo y que cuando termine la guerra se lo lleve a su padre, pues espera que aún siga vivo. Kielar vuelve al vodka que ha dejado encima de la mesa con el ánimo más pesado que el paquete que lleva entre las manos.

Mala y Edek ya no están. Hablan de ellos, lloran por ellos. Algunos, más tarde, osan criticarlos: fueron unos inconscientes, pecaron de ligereza, imaginaban que iban a poder movilizar un fantasmagórico ejército de liberación del que, sin embargo, no hay el menor rastro. Luego, el sucedáneo de vida al que todos están sometidos se impone. El 6 de septiembre de 1944 llega a Birkenau Anna Frank, quinientos cincuenta de los deportados que viajan en el mismo convoy que ella van de inmediato a la cámara de gas. Veinte días más tarde, el delegado de la Cruz Roja Internacional Maurice Rossel, tras una visita a Theresienstadt, es recibido por el comandante de Auschwitz. En 1999 explicó al director de cine Claude Lanzmann que no se dio cuenta de que era un campo de exterminio. Mientras Rossel mira alrededor sin entender, los hombres del *Sonderkommando* organizan con sus compañeras de la resistencia la gran y desesperada revuelta del 7 de octubre.

La guerra casi ha terminado, pero el campo sigue triturando hombres, mujeres y niños. Charles Sand también está en Birkenau cuando matan a Mala. El 28 de enero de 1945 Charles es deportado de nuevo a Gross-Rosen, a Dachau y de allí a Mühldorf. Cuando a finales de abril los estadounidenses entran en este subcampo, dedicado a la fabricación de armas, encuentran a varios cientos de supervivientes. Charles Sand no está entre ellos.

Una noche, hace unos años, mientras los vigilantes del Museo de Auschwitz-Birkenau hacían la ronda rutinaria por el campo madre, encontraron dos imágenes en blanco y negro, una al lado de la otra, a los pies del muro de los

fusilamientos, donde los visitantes suelen dejar flores, velas y mensajes. Las imágenes llamaron su atención, por la
mañana no estaban y en ese momento se podían ver con
toda claridad. Ese día habían visitado el campo muchos
grupos procedentes de Bélgica. Alguien había dejado las
fotos de Mala Zimetbaum y Edek Galiński a la sombra del
búnker 11.

Epílogo
Una historia olvidada

Para ilustrar cuán desesperada empresa era una fuga, aunque no solo con este fin, recordaré la tentativa de Mala Zimetbaum, pues me gustaría que quedase memoria de ella.

Primo Levi, *Los hundidos y los salvados*

Malka vive hoy en Tarragona, en España. Trabaja en la Universidad Rovira i Virgili, donde estudió Derecho Medioambiental. Aún no tiene hijos, pero afirma que le gustaría tenerlos. Y si tiene una hija la llamará Mala, como ella y como su madre.

«Conocía el origen de mi nombre, que en hebreo significa "reina", pero no supe nada de la hermana de mi bisabuela hasta que en el instituto la profesora nos pidió que hiciéramos una redacción sobre una persona de nuestra familia a la que consideráramos admirable y yo pedí ayuda a mi madre», cuenta por teléfono Malka San Lucas. En 2000, Malka es una estudiante de quince años de Guayaquil, el principal puerto de Ecuador, conocido como *la perla del Pacífico*. Su bisabuela es Gitla *Gusta* Abramowicz Zimetbaum, la mayor de las hermanas de Mala, la única que logró escapar de Bélgica con su marido y con la pequeña Jeannette justo después de la invasión alemana.

Malka apenas sabe nada de su abuela Jeannette, porque esta se fue a vivir a Israel y dejó de tener contacto con Ecuador antes de que ella naciera, y en la familia nadie tiene ganas de contar su historia.

Su madre le explica que las dos llevan el nombre de Malka Zimetbaum, llamada Mala, la tía a la que se parece tanto en la foto que ha puesto en su perfil de Facebook. «Me gustaría haber escuchado la historia con todo detalle, pero no teníamos más que los recuerdos de Jeannette, las copias de los documentos de aquella época y varias fotos. Jeannette aún no había cumplido diez años cuando emigró con sus padres a Ecuador. Su verdadero nombre era Jachwet, pero en el registro le dijeron que la versión española de Jachwet o Jeannette era Juanita, así que la llamaron Anita. No podía dirigirme a ella para hacer la redacción que me habían pedido en el instituto porque nunca había querido relacionarse con nosotros. Así pues, busqué en internet, me puse en contacto con el experto Lorenz Sichelschmidt, que había escrito sobre Mala, y este me mandó muchos detalles preciosos. Después crucé la información que me había procurado mi madre con la que yo había encontrado en internet. Al final, presenté a mi profesora un trabajo excelente. Con todo, sé que el puzle está incompleto, hay muy pocos datos y aún quedan muchas piezas perdidas. Además, mi madre ha muerto mientras tanto. Cuando me instalé en España, en 2012, fui a Amberes. Mi bisabuela Gitla también había regresado al terminar la guerra y había descubierto que casi toda su familia había sido exterminada. Quería ver los lugares por los que había pasado Mala y su casa en Marinisstraat con la placa que habían puesto en la puerta en 1948. Sigo preguntándome por qué una mujer como ella, que fue una gran heroína de Auschwitz, no es tan conocida como, por ejemplo, Anna Frank».

¿Qué queda de Mala Zimetbaum? «Su martirio ha caído casi por completo en el olvido. No hay monumentos ni sellos dedicados a Mala, solo una pequeña placa en la casa de Amberes donde vivió», escribió en 1998 el exdirector del *The Jewish Time*, Stephen G. Esrati. A casi veinte años del artículo publicado en la revista *Idea: a Journal of Social Issues*, Esrati admite que no se explica el motivo. «Hoy en día sabemos que el padre de Anna Frank escribió buena parte de su *Diario*. Mala no fue tan afortunada».

Así es, ni siquiera en la red se encuentra mucho: dos ensayos —uno escrito por un psicólogo francés y otro por un psicolingüista alemán—, el nombre y el número de prisionero de Edek Galiński en las paredes de las celdas del búnker 11 —hoy cerradas—, un mechón de pelo y el retrato a lápiz que se encuentran en el museo estatal de Auschwitz-Birkenau —pero sin exponer—, varias citas fugaces en los libros de los supervivientes —entre los que se encuentra Primo Levi—. Además hay un par de textos teatrales, la película de 1947 *Ostatni Etap* —en la que la directora polaca Wanda Jakubowska hace que los exdeportados se interpreten a sí mismos y Mala se llama Marta Weiss—. Pero en los más de tres millones de documentos sobre la historia de los judíos de Bélgica que conserva el Museo Judío de Bélgica, el que el terrorista Mehdi Nemmouche asaltó en 2014, no hay nada; en los archivos del Holocausto hay poquísimo, exceptuando en Auschwitz, y ni siquiera se menciona de pasada en la enciclopedia *Jewish Resistance*, de Reuben Ainsztein. Sobre Edek, un personaje igualmente excepcional, aún hay menos.

¿Por qué los nombres de Malka Zimetbaum y Edward Galiński solo resultan familiares a los expertos, mientras que la mayoría los desconoce? ¿Pagan por el escándalo que suponía el amor entre una judía y un católico polaco, fruto de un ambiente no inmune al antisemitismo? ¿Se debe a que trabajaban para la administración del *lager* y por ello gozaban de unas condiciones mucho mejores que las de los demás? ¿Es porque no intentaron acciones titánicas como la revuelta del *Sonderkommando,* sino solamente una fuga que puede parecer romántica? ¿Se debe a que colaboraron con los distintos grupos de la resistencia interna, pero sin afiliarse a ninguno de ellos? ¿Es por la pasión física que los unió en el horror de Birkenau, el paradigma del genocidio respecto al cual todo lo que desvía la atención es tabú? Según la socióloga Carol Mann, Mala Zimetbaum no figura entre las heroínas de Auschwitz, como Marie-Claude

Vaillant-Couturier y Lucie Aubrac, debido al insistente prejuicio que existe sobre la presunta pasividad judía frente al Holocausto. Sea cual sea la razón, la historia de Mala y Edek ha llegado hasta nosotros gracias al testimonio oral de los que los conocieron. Y muchos de ellos han muerto.

«Recuerdo que salí un poco enojado del Museo del Holocausto de Washington porque en él no hay nada sobre Mala», dice en el chat Pedro Ceballos, el primo de Malka San Lucas.

Pedro tiene treinta y tres años, es un abogado penalista especializado en fraudes fiscales, no conoció ni a su bisabuela Gitla —que murió diez años antes de que él naciera— ni a su abuela Jeannette *Anita,* que emigró a Israel en 1975. Pero, al igual que a su prima, le encanta contar lo que ha aprendido de manera fragmentaria. «Durante la Segunda Guerra Mundial y también después, muchos judíos lograron huir a Estados Unidos. Entre ellos estaban mi bisabuela Gitla Zimetbaum, su marido, Fawel Abramowicz, y su hija, Jeannette, mi abuela. Una vez instalados en Guayaquil, mi bisabuelo emprendió con éxito una actividad comercial; mi bisabuela, en cambio, enfermó gravemente de esquizofrenia, así que él acabó fundando una nueva familia con una mujer ecuatoriana. Habían escapado entre 1939 y 1940, antes de las deportaciones. Pero cuando, terminada la guerra, Gitla volvió a Bélgica, vio que ya apenas quedaba nadie y, poco a poco, fue perdiendo la lucidez. Pasó sus últimos años en un hospital psiquiátrico y por lo visto repetía frases como "El gas está llegando" o "Hitler viene a matarme"».

Gitla murió en 1971 en Guayaquil, donde está enterrada. Fawel murió después. En 1975, a raíz de una crisis con su marido, su hija Jeannette abandonó el país y, tras pasar una temporada en Bélgica, se instaló en Safed, en Israel. Pedro nació en 1982 y en la adolescencia empezó a oír hablar de Mala. «Gitla nunca habló de su hermana. Todo lo que tenemos de Mala, incluidas las fotos, nos lo dio la abuela Jeannette antes de marcharse. Nos decía que Mala era una joven dulce, con un corazón de oro, dedicada a la familia, pero también brillante en el colegio y muy atlética, y que tenía personalidad de líder, así que se imponía allí donde iba. Hablaba muchos idiomas y eso le permitió tener una posición privilegiada en Auschwitz. La versión familiar siempre fue la del suicidio, que ella se había quitado la vida antes de que los SS pudieran matarla. Además estaba la relación que vivió con Galiński, ella y Edek estaban profundamente enamorados. A decir verdad, no me sorprende que Mala quisiera a un hombre que no era judío, porque mi abuela hizo lo mismo, se casó con mi abuelo pese a que podía elegir en el interior de la comunidad judía, que en aquella época era muy numerosa en Ecuador».

El olvido en el que ha caído Edek se debe a que su familia siempre se ha negado a hablar sobre él, *culpable* de no haber sobrevivido a Auschwitz a causa de un amor reprobable. Los que a lo largo de estos años han intentado recomponer el puzle de su breve vida, pero tan marcada por la resistencia como por la pasión que sentía por Mala, siempre han encontrado las puertas cerradas. En cambio, la historia de Mala se ensombrece en parte por el hecho de que los Zimetbaum desaparecieron casi por completo durante el conflicto. La cuestión no es contar, sino existir. La familia se disemina y la memoria se desintegra. Mala, sus padres, sus sobrinos, los que conocieron el campo de exterminio ya no existen. Solo quedan los que evitaron la deportación, el hermano Salomon, la hermana Jochka y su marido Ifrahim, Gitla, que vive en Ecuador desde antes de que arrestaran a Mala.

Según los documentos oficiales que recogen los desplazamientos de Gitla hasta el cementerio de Guayaquil, esta se separó muy pronto de su hermana, diez años menor que ella. En 1932 se casó con Fawel Abramowicz, un zapatero que había emigrado hacía dos años desde Polonia, donde tuvo que dejar alguna cuenta pendiente, porque las autoridades belgas recibieron varias solicitudes de extradición por una condena que nunca llegó a cumplir. No está claro si lo buscaban por tráfico de dinero falso o si el motivo era otro, porque, pese a que lo absolvieron de la acusación de estafa, su vida en Amberes no fue fácil; hasta tal punto que a finales de 1935, dos años después del nacimiento de Jeannette, solicitó un visado para Brasil, partió y poco tiempo después se marchó a Ecuador. Gitla se reunió con él unos meses más tarde, mientras Mala y los demás iban siendo marginados poco a poco y finalmente acabaron inscritos en el registro de los judíos de Borgerhout. Gitla volvió a Amberes en 1949 con su pasaporte ecuatoriano recién estrenado.

Concluida la guerra, según cuenta Pedro, Gitla se reencontró con Jochka y con Salomon, pero no con el pasado. Su familia había dejado de existir y Gitla no tenía ningún motivo para quedarse; así pues, pidió al consulado belga que le prorrogara el visado, pero solo el tiempo necesario para que su marido le enviara dinero para el viaje de vuelta. Se había marchado antes de la guerra y cuando regresó tenía que abrirse paso entre los escombros. «La abuela Jeannette estaba en contacto con la familia de Amberes desde antes de su muerte, pero sobre todo fue después de marcharse cuando reforzó los vínculos con ellos. Cuando Jeannette se marchó, ni la generación de mi padre ni la mía seguimos teniendo relaciones con Bélgica. Sus hijos la llamaban a Israel hasta los años ochenta, pero luego desapareció. Cuando mi padre murió, en 2010, mi hermano Óscar fue a buscarla a Israel. La encontró con buena salud y charlaron cordialmente unos veinte minutos, pero ella le confesó que no echaba de menos Ecuador ni tampoco a sus nietos, a los que no conocía. A partir de ese momento, no respondió siquiera a las llamadas telefónicas. Cuando pienso en Mala, pienso que mi abuela, en caso de que siga viva, es lo último que nos une a ella».

La otra hermana de Mala, Jochka, murió hace pocos años en Amberes. Pese a que cambió de casa, siempre vivió cerca de Berchem, en la misma zona que antes del conflicto. Es verosímil que ella y su marido, Efraim, se escondieran en Bruselas hasta la liberación de Bélgica y que después regresaran a su casa. El 25 de marzo de 1945 los dos aparecieron en la lista de la ONU de los refugiados, dos inmigrantes polacos que a partir de 1929 habían vivido siempre en Bélgica, salvo una interrupción durante la guerra por *causas de fuerza mayor.*

Jochka, que enviudó en 1976, era la que mejor recordaba a Mala y participaba siempre en las conmemoraciones de los supervivientes, a pesar de que debía ocuparse sola de su único hijo, Paul Nephtali, nacido en 1955 en Gante. El año anterior ella y Efraim habían conseguido el estatuto de *refugiados políticos*. Junto a su hermano Salomon, también refugiado político desde 1954, intentó durante mucho tiempo obtener para Mala el mismo reconocimiento a título póstumo, pero en 1957 el Ministerio de Sanidad y Familia cerró el expediente y negó este derecho a Mala.

«Mala fue muy famosa entre 1945 y 1947. Las antiguas deportadas hablaban a menudo de ella y llamaban *Mala* a sus hijas. Se decía que habría podido sobrevivir, pero que había arriesgado todo para dar a conocer al mundo el exterminio. Luego, sin embargo, surgieron otras prioridades, prevaleció la necesidad de reconstruir y se hizo realidad el milagro del nacimiento del Estado de Israel, así que nadie tenía ya ganas de escuchar los recuerdos de Auschwitz», cuenta Léon Schummer. Además, la historia de Mala y Edek genera división: «Las antiguas deportadas de Amberes estaban muy unidas a Mala. Se desvivían por perpetuar su gesta con la ayuda de su hermana Jochka, que murió hace unos años dejando un único hijo problemático. Consiguieron reunir dinero suficiente para construirle un monumento, lo recuerdo perfectamente: era de cristal y su nombre estaba escrito en hebreo. Lo pusieron a la entrada de una sinagoga de Oostenstraat, en Borgerhout, el barrio de Mala; pero al cabo de una semana había desaparecido. Los religiosos no lo querían, lo quitaron porque había vi-

vido un amor impuro con un hombre que no era judío».
Pasan los años. En 1944 Léon Schummer preside el B'nai
B'rith de Amberes. Una superviviente le pide algo más que
la simple placa del barrio que hoy en día es sede de otro
gueto y él le dedica la sala que en la actualidad se sigue
llamando Lodge Mala Zimetbaum.

«Mala era una figura inquietante para sus verdugos, pero,
de alguna manera, turba también los recuerdos de las víctimas, a la gente no le gusta oír su historia», observa Charles Sand, el nieto de Charles. Una funcionaria del Museo
Kazerne Dossin de Malinas añade que, además de la relación, ya de por sí complicada, entre una judía y un polaco,
el hecho mismo de hablar de amor en Auschwitz resulta
muy difícil de aceptar, por no decir imposible, para los
protagonistas: «Entre los supervivientes prevaleció durante mucho tiempo una especie de sentimiento de autodefen-
sa, ninguno hablaba de placer en el campo, era tabú. Pero
la verdad es que hubo momentos de placer, o de distrac-
ción, que ayudaban a los prisioneros a distanciarse de su
situación. Cuando estos momentos de placer desaparecían,
a los prisioneros solo les quedaba el alma, se transformaban
en musulmanes y morían».

Los prejuicios y omisiones son iguales en el caso de Edek.
Cuando, el 29 de enero de 1968, Wiesław Kielar se presentó en el Museo de Auschwitz-Birkenau diciendo que tenía

una historia que contar, dejó también encima de la mesa del que estuvo dispuesto a escuchar su testimonio el paquete con el que cargaba desde hacía casi un cuarto de siglo. Dentro del paquete amarillento estaba la huella del tiempo, que se había detenido en el verano de 1944.

Al terminar la guerra, Kielar fue a buscar al padre de Edek para cumplir con la última voluntad de su amigo y entregarle lo que su hijo consideraba su vida. Pero se encontró con un muro. El viejo Galiński no quería saber nada de los dos mechones de pelo envueltos en un folio donde Edek había escrito: «Mally Zimetbaum, diecinueve mil ochocientos ochenta. Edward Galiński, quinientos treinta y uno». No tenía la menor intención de escucharlo. Odiaba a la judía, porque, de no haber sido por ella, Edek habría sobrevivido, como casi todos los prisioneros políticos polacos que superaron las enfermedades y los trabajos forzados. También detestaba a los compañeros de Edek, porque, en su opinión, no habían hecho nada para disuadirlo. Estaba desesperado, furioso, se negó a razonar. Murió poco tiempo después.

«En Yad Vashem y en otros memoriales se recuerda a Mala mucho menos de lo que se merece», admite Paulette Sarcey. Para ella y sus compañeras fue mucho más que un punto de referencia, porque las ayudaba y las animaba a no ceder. «Recordamos durante mucho tiempo su ejecución. Después de la fuga creíamos que se salvaría. Lo había planificado todo y yo estaba convencida de que lo conseguiría porque hablaba polaco. Lo esencial allí era sobrevivir para atestiguar un día tras otro. Yo también pensé en escapar durante la marcha de la muerte que tuvo lugar en enero de 1945. Pensaba en lo que habría hecho Mala en esas circunstancias, pero no hablaba polaco y no habría tenido ninguna posibilidad. No obstante, cuando nos liberaron y el tren que nos devolvía a casa se detuvo en Bruselas, dije a los de la Cruz Roja: "Tenéis una heroína belga extraordinaria: Mala, la recadera"». Según Paulette, la única explicación para el silencio que existe en torno a Mala es Edek, el polaco Edek. «Algunos se obstinan en considerar a Edek un ario porque los eslavos contribuyeron a eliminar a los judíos. Sin lugar a dudas, Mala no es famosa por esto. La verdad es que no puedes conmemorarla sin recordarlo a él».

El resultado es un doble olvido que notan, sobre todo, los testigos de religión judía, los más activos en la tutela de la memoria; como el historiador Henry Bulawko, que murió en 2011 en París, donde presidía la Unión de los Deportados de Auschwitz. «Me crucé con Mala en una ocasión en el campo y en otra la vi de lejos. Fui uno de los poquísimos hombres que asistió, aunque de lejos, a su ejecución. Mala Zimetbaum protagonizó una aventura excepcional, pero cuando pronuncio su nombre nadie se inmuta. Una vez hablé de ella en un congreso en Jerusalén y no observé ninguna reacción».

Halina Birenbaum confirma que Mala no es nada popular entre los connacionales militares con los que se reúne regularmente para hablar del Holocausto. «En Israel apenas la conocen. En primer lugar, porque tuvo una relación amorosa con un polaco que no era judío y eso es motivo de sospecha; alguien incluso ha insinuado que le dieron el trabajo de recadera porque al principio fue amante de un comandante alemán. En segundo lugar, porque Mala no militó en la resistencia judía como hizo, por ejemplo, Róża Robota, quien ayudó a transportar las armas para la revuelta del *Sonderkommando*. Aquí, en Israel, solo se aprecia a los combatientes, el heroísmo se mide por el número de alemanes que se mataron empuñando las armas y no por la cantidad de pan que se dio a los que no tenían nada. Pero yo sé cómo era la vida en el *lager* y el valor que se necesitaba para robar pan para los que se morían de hambre». En 1972, las exdeportadas de Amberes lograron que el Yad Vashem participara en la creación de un fondo Mala Zimetbaum. La primera beca se asignó a un investigador israelí de origen belga, Arié Riesel, pero ahí acabó la iniciativa. Hoy en día, el nombre de Mala Zimetbaum en Israel no evoca nada.

No evoca nada ella, que socorrió a los demás prisioneros valiéndose de su posición privilegiada. Tampoco él, que hacía lo mismo antes incluso de conocerla; ni su amor, la fuga, la muerte intrépida a pesar de las torturas, los personajes tan intrigantes que los rodearon —como el SS Edward Lubusch, el *kapo* Jakub el Grande, el alicatador Szymlak—. No evoca nada la relación entre una judía y un ario que, según observa Marceline Loridan-Ivens, «no era cualquier cosa». Si un pilar de la memoria del Holocausto como Simone Veil no la hubiera definido como «una heroína ejemplar», cabría sospechar un lado oscuro, algo no dicho, alguna forma de colaboración menos edificante con los nazis que justificase este olvido. En cambio, no es así. Cuando pregunto a Léon Schummer si, por casualidad, Mala no podría haber estado, de alguna forma, en la zona gris, este da un respingo en su silla: «¡Eso ni en broma! El comportamiento de Mala siempre fue ejemplar, todos los supervivientes dicen maravillas de ella».

Mala y Edek representaban para sus compañeros del campo la victoria de la humanidad sobre la ferocidad. Pero, al mismo tiempo, es cierto que en la posguerra, a cierta distancia ya del infierno, fue notándose cada vez más su naturaleza atípica, irregular, eran demasiado diferentes para la memoria no compartida. Mala y Edek rompían todos los esquemas. Por un lado, afirma Gérhard Huber, pusieron en tela de juicio el aspecto psicopolítico del nazismo, «que se fundaba en la distinción entre hombres y subhombres». Los dos podrían haberse convertido en colaboracionistas y prefirieron ser opositores camuflados; no rechazaron la zona gris, sino que la usaron para mantener «la irreprimible separación entre verdugos y víctimas». Mala y Edek trabajaban con los nazis para ayudar a los deportados.

Por si fuera poco, se eligieron el uno al otro sin importarles sus correspondientes bagajes políticos y, de alguna manera, anularon la diferencia que existía entre la resistencia polaca y la resistencia judía, que subraya el historiador Ben Mark: los primeros podían aguardar a que llegara el momento propicio para actuar; los segundos, en cambio, debían rebelarse cuando podían o resignarse a morir. Mala y Edek unieron lo que la ideología había dividido incluso durante el exterminio.

El motivo de que la figura de Mala Zimetbaum sea desconocida no es solo uno. En opinión de Lorenz Sichelschmidt, de alguna forma se la conoce. Pero, según dice, de forma más sustancial: «Hay algunos espectáculos (como el que puso en escena Max Leavitt en Los Ángeles en 2008 o el musical griego que dirigió Nikos Karvelas), el B'nai B'rith de Amberes, una beca y una ceremonia anual. Pero, aún más importante, existe una suerte de herencia del estado mental que perpetúan muchos de los que descubren la historia de Mala Zimetbaum, una herencia de actitud. En la actualidad, Mala se encontraría, probablemente, entre aquellos que ayudan a los desesperados que huyen de Oriente Medio y llegan a Lampedusa o a cualquier otro lugar, entre los activistas israelíes de Peace Now, entre los sostenedores de Medécins y Reporters Sans Frontières. En este sentido, ella sigue siendo un ejemplo excepcional de humanidad y de justicia más allá de la muerte y su herencia es más concreta que la simple popularidad que se puede medir por el número de perfiles de Facebook dedicados a ella».

«Los recuerdos, incluso los colectivos, se construyen de forma diferente en cada uno de nosotros», explica Marceline Loridan-Ivens. Jura que guardará la memoria de Mala Zimetbaum mientras viva. Poco importa que Mala sea o no un personaje famoso, porque no todos los grandes tienen el puesto que se merecen en la historia. *C'est comme ça la vie.*

Agradecimientos

Me he sentado a la mesa para escribir los agradecimientos y me he dado cuenta de que no sé por dónde empezar. Si bien soy yo la que lo firma, este libro no existiría sin *el cordón sanitario* que durante meses me ha asistido tanto profesional como afectivamente.

No creo que desmerezca a nadie si empiezo por la directora de la editorial del museo estatal de Auschwitz-Birkenau, Jadwiga Pinderska-Lech, a quien manifiesto mi eterno reconocimiento y amistad no solo por el valiosísimo trabajo de asesoramiento, sino también porque —con su aparente timidez y reserva— me abrió las puertas de un mundo de historias, emociones, sentimientos, calor humano y memoria inmortal.

Junto a Jadwiga debo mencionar a quien me la presentó, es decir, el segundo pilar del libro: Michele Curto, político, historiador, activista de cualquier causa por la que valga la pena luchar, el amigo que me acompañó físicamente en los lugares por los que habían pasado Mala y Edek y que puso a mi disposición sus excelentes conocimientos sobre Polonia, asentados en el Erasmus que realizó a principios de este siglo, cuando ningún estudiante italiano elegía Cracovia.

Luego vienen las personas queridas, comprensivas, pacientes, presentes. Mi hija Eleonora, a la que dedico este trabajo, que cuando aún no había cumplido cuatro años entró conmigo en Birkenau. Mi hermana Paola, quien durante la visita —el día de su cumpleaños— vigiló la resistencia emocional de su sobrina a la vez que lloraba detrás de sus gafas. Alessandro Federico y Emanuele Gabrielli, los tíos preferidos de Eleonora y unos caballeros valientes para mí. Mis padres, que soportan y alivian cualquier problema. Eric Jozsef siguió el desarrollo de la historia una página tras otra, una cita tras otra, cada nombre, cada fecha, cada documento, como si Mala Zimetbaum fuera de su familia. Y Brenda Dacumos, porque las tatas son importantes para los niños, pero Brenda también es importante para la madre.

Gianni Riotta, mi maestro, al que respeto y no dejo de agradecer la deuda impagable que tengo con él tanto intelectual como profesionalmente.

Chantal Sand y su padre, Charles, un doble y excepcional encuentro que me permitió acceder a los recuerdos de Charles, otra historia de amor dentro de la historia de amor.

Mi agradecimiento también al historiador Umberto Gentiloni Silveri y al director del Museo de la Shoah de

Roma, Marcello Pezzetti, una autoridad frente a la cual lo único que podemos hacer es callar, escuchar y aprender.

Francesco Mancini, Jacopo Iacoboni y Edoardo Sassi son los amigos que leyeron y releyeron con ojo crítico para detectar cualquier error, errata o incongruencia. Y también Anna Lombardi, Francesca Sforza, Pedro Ceballos, Malka San Lucas, Lorenz Sichelschmidt, Wanda Hutny —del Museo Estatal de Auschwitz-Birkenau—, Misha Mitsel —del JDC Archive de Nueva York—, Laurence Schram —de Kazerne Dossin—, Carol Mann, los amigos del Yad Vashem, de Holocaust Survivors and Victims Resource Center y de United States Holocaust Memorial Museum, Stephen G. Esrati, John Paul Leavey y la editora Luna Orlando, que tiene una enorme paciencia.

Y en último lugar, pero solo para que las últimas palabras del libro estén dedicadas a ellos, los supervivientes con los que tuve la fortuna de hablar, unos hombres y mujeres dotados de una fuerza extraordinaria, capaces de mostrarte con una sonrisa las heridas de la historia que no pueden cicatrizar y agradecerte que los hayas escuchado.

Bibliografía

DOCUMENTOS DEL ARCHIVO DE AUSCHWITZ, TESTIMONIOS

Relacje dot. Mali ZIMETBAUM (NR. 19880)
Oswiadczenia:
t. 29 k. 4
t. 50 k. 155
t. 64 k. 81-83
t. 69 k. 133
t. 71 k. 86
t. 83 k. 22-22
t. 89 b k. 19, 67, 130-131
t. 97 k. 90
t. 104 k. 80-81, 83, 163
t. 116 k. 31, 79, 101-103, 113
t. 124 k. 161
t. 137 k. 211, 237-238, 248
t. 141 k. 139-147

Relacje dot. Edwarda GALINSKIEGO (NR. 531)
Oswiadczenia:
t. 8 k. 1164-1172
t. 60 k. 112, 164, 168
t. 64 k. 81-83
t. 75 k. 70, 78
t. 89b. k. 130
t. 92 k. 238
t. 104 k. 163
t. 114 k. 217
t. 116 k. 102
t. 118 k. 275, 291
t. 132 k. 31
t. 137 k. 75, 231, 237-238, 241-242
t. 139 k. 105, 129, 165-166
t. 141 k. 141-145
t. 147 k. 106

Wspomnienia:
t. 9 k. 73-75, 77-94, 97-99, 101-126

FUENTES SECUNDARIAS

R. Ainsztein, *Jewish Resistance in Nazi-Occupied Europe*,
Barnes & Noble, Londres, 1974.
H. Arendt, *Eichman en Jerusalén. Un estudio sobre la banalidad del mal*, Lumen, Barcelona, 2001.

—*Los orígenes del totalitarismo*, Alianza Editorial, Madrid, 2015.

S. Birnbaum, *Malla la Belge*, Amicale des Déportés d'Auschwitz, París, 1946.

—*Une Française juive est revenue*, Éditions du Livre Français, París, 1946.

A. Crya, «The Romeo and Juliet from Birkenau», en *Pro Memoria*, 5-6, Information Bulletin of the Auschwitz-Birkenau State Museum and the Memorial Foundation for the Commemoration of the Victims of Auschwitz-Birkenau Extermination Camp, Polonia, 1987.

D. Czech, *Auschwitz Chronicle*, Henry Holt and Company, Nueva York, 1987.

L. Dawidowicz, *The War Against the Jews: 1933-1945*, Bantam Books, Nueva York, 1979.

H. Dunicz Niwin'ska, *One of the Girls in the Band*, Archivo Estatal Auschwitz-Birkenau, 2014.

S. Evangelisti, *Auschwitz e il New Humanism. Il Canto di Ulisse delle vittime della ferocia nazista*, Armando Editore, Roma, 2009.

F. Fénelon, M. Routier, *Soursis pour l'orchestre*, Stock, París, 1976 (traducción al castellano: Fania Fénelon, *Tregua para la orquesta*, Noguer Ediciones, Barcelona, 1981).

H. Fried, *The Road to Auschwitz. Fragments of a Life*, Robert Hale, Londres, 1990.

U. Gentiloni Silveri, *Bombardare Auschwitz. Perché si poteva fare, perché non è stato fatto*, Mondadori, Milán, 2015.

M. Gilbert, *The Holocaust, the Jewish Tragedy*, Collins, Londres, 1986.

I. Gutman, M. Berenbaum, Y. Gutman, *Anatomy of the Auschwitz Death Camp*, US Holocaust Memorial Museum, Indiana University Press, Bloomington (Indiana), 1998.

G. Hausner, *Justice in Jerusalem*, Herzl Press, Nueva York, 1977.

R. Hilberg, *La destrucción de los judíos europeos*, Ediciones Akal, Madrid, 2005.

G. Huber, *Mala. Une femme juive héroïque dans le camp d'Auschwitz-Birkenau*, Éditions du Rocher, Mónaco, 2006.

Kazerne Dossin Memorial, Museum and Documentation Centre on Holocaust and Human Rights, *Holocaust & Human Rights*, Kazerne Dossin, Malinas, 2012.

D. Kranzler, *The Man Who Stopped the Train to Auschwitz*, Syracuse University Press, Siracusa, 2000.

M. Jack, «The Angel of Auschwitz: Mala Zimetbaum», en *Jerusalem Post*, 1972.

H. Langbein, *Against all Hope. Resistance in the Nazi Concentration Camps*, Continuum, Nueva York, 1980.

—*People in Auschwitz*, The University of North Carolina Press, Chapel Hill, Londres, 2004.

P. Levi, *Los hundidos y los salvados*, Personalia de Muchnik Editores, 2000 (traducción de Pilar Gómez Bedate).

—*Si esto es un hombre*, El Aleph Editores, 2012.

M. Loridan-Ivens, *Y tú no regresaste*, Publicaciones y Ediciones Salamandra, Madrid, 2015.

C. Mann, *Women in War*, AAWW Educational Foundation Symposium, Washington, 2002.

B. Mark, *Des voix dans la nuit. La résistance juive à Auschwitz-Birkenau*, Plon, París, 1982.

D. Michman, *Belgium and the Holocaust. Jews, Belgians, Germans*, Yad Vashem, Jerusalén, 1998.

S. Nomberg-Przytyk, *Auschwitz: True Tales from a Grotesque Land*, Chapel Hill, The University of North Carolina Press, Londres, 1986.

D. Ourisson, *Les secrets du Bureau politique d'Auschwitz*, Amicale des Déportés d'Auschwitz, París, 1946.

M. Pezzetti, *Il libro della Shoah italiana. I racconti di chi è sopravvissuto*, Einaudi, Turín, 2009.

M. Pollak, *L'expérience concentrationnaire. Essai sur le maintien de l'identité sociale*, Métailié, París, 1990.

L. Sichelschmidt, *Mala - ein Leben und eine Liebe in Auschwitz*, Donat Verlag, Bremen, 1985.

J. Spritzer, *Ich war Nr. 10291*, Darmstädter Blätter, Darmstadt, 1980.

Y. Suhl, *They Fought Back. The Story of the Jewish Resistence in Nazi Europe*, Macgibbon & Kee, Londres, 1968.

S. Venezia, *Sonderkommando Auschwitz*, Bur, Milán, 2009.

K. Wieslaw, *Anus Mundi: Fifteen Hundred Days in Auschwitz-Birkenau*, Penguin, 1982.

Otras fuentes

J. Blawut, M. Zarnecki, *Tšdliche Romanze. Eine Liebe im KZ*, documental TV, Michal Zarnecki Productions, Varsovia, 1989.

Birkenau, disponible en: *http://auschwitz.altervista.org/ portal/index.php?option=com_content&view=article& id=52&Itemid=60.*

Cruz Roja Internacional, *The ICRC in WW II: The Holocaust*, 2014, disponible en: *https://www.icrc.org/eng/ resources/documents/misc/history-holocauste-020205.htm.*

Enciclopedia del Holocausto, disponible en: *http://www. ushmm.org/wlc/it/article.php?ModuleId=10007765* (recursos en español en: *https://www.ushmm.org/es*).

S. G. Esrati, «Mala's Last Words», en *Idea. A Journal of Social Issues*, 1997. Disponible en: *http://www.ideajournal.com/articles.php?id=15*

R. Kagan, *The Auschwitz Testimony*, 1961, disponible en: http://forum.axishistory.com/viewtopic.php?t=518850.

«Mala and Edek: Tragic Camp Love», en *Os*, n.º 9, septiembre de 2009.

Points critiques, 56, 1994, disponible en: *http://mediatheque.territoires-memoire.be/index.php?lvl=bulletin_ display&id=35835.*

Zeszyty Społeczno-Historyczne, n.º 7, 2013.